すぐに作れる！ その場で使える！
暮らしを彩る生活雑貨

実用チラシ折り紙

創作折り紙作家
坂田英昭●著

Contents

- 4   食卓を彩る小物
- 14   暮らしに役立つ小物
- 24   折って遊べる折り紙
- 26   包装紙を使った季節の折り紙

- 33   はじめに
- 34   折り方の基本

PART 1
食卓を彩る小物

- 38   十字菓子箱
- 42   八角菓子箱
- 44   四角コースター
- 46   星型コースター
- 48   塩・コショウ入れ
- 50   エッグスタンド
- 52   鍋敷き
- 53   しずく受け
- 55   花かご
- 58   舟型バスケット
- 60   八角菓子皿
- 62   四角菓子皿
- 64   扇の菓子皿
- 66   楊枝入れ
- 69   割り箸入れ
- 71   箸置き

PART 2
暮らしに役立つ小物

- 76   フォトフレーム
- 79   卓上カレンダー
- 81   レターホルダー
- 82   小物入れ
- 84   ペン立て
- 86   メモスタンド
- 88   ロッキングメモホルダー
- 90   CD・文庫本ケース
- 92   ティッシュケース
- 94   小銭入れ
- 96   一輪挿し
- 99   壺
- 102   ブックカバー
- 104   しおり
- 106   ホウキ
- 108   チリ取り
- 109   チューリップのゴミ箱
- 111   日よけ帽子
- 113   かぶとの日よけ帽子

PART 4

包装紙を使った季節の折り紙

【正月】
128　門松
130　鶴の器

【節分】
134　鬼の面
136　豆箱

【桃の節句】
138　花の器
140　男雛と女雛

【端午の節句】
145　かぶと
147　鯉のぼり

【七夕】
149　星型の器

【十五夜】
152　タヌキ
154　三方

【クリスマス】
156　クリスマスツリー
158　サンタクロース

PART 3

折って遊べる折り紙

116　紙飛行機
118　紙鉄砲
120　紙風船
122　コマ
124　船（駆逐艦、航空母艦）

食卓を彩る小物

❶

❷

菓子箱とコースター

十字菓子箱、八角菓子箱、さあ、どんなお菓子を入れましょうか。
コースターの形に合わせて、グラスも選びます。
思いがけない手づくりのおもてなしが喜ばれます。

❶十字菓子箱
　　折り方→38ページ
❷八角菓子箱
　　折り方→42ページ
❸四角コースター
　　折り方→44ページ
❹星型コースター
　　折り方→46ページ

エッグスタンドと鍋敷きなど

朝食のエッグスタンド、コーヒーポットを乗せる鍋敷きは、さまざまな色が楽しめ、食卓が華やぎます。

❶

❷

❶ 塩・コショウ入れ
　折り方→48ページ

❷ エッグスタンド
　折り方→50ページ

❸ 鍋敷き
　折り方→52ページ

❹ しずく受け
　折り方→53ページ

❶舟型バスケット
　折り方→58ページ

❷花かご
　折り方→55ページ

花かごと野菜バスケット

庭で摘んだ花、採りたての新鮮な野菜は
こんなバスケットに入れるとさらに生き生きと。
野菜の大きさに合わせて作りましょう。

❶ 八角菓子皿
　折り方→60ページ

❷ 四角菓子皿
　折り方→62ページ

❸ 扇の菓子皿
　折り方→64ページ

菓子皿

四角、八角、扇型などの菓子皿、
生菓子、おせんべい、クッキーなど、どのお皿に載せようか
考えるのが、また楽しみです。

箸入れと箸置きなど

いろいろな形に折った可憐な箸置きは、
おもてなしにはかかせません。
しかも一回ごとの使い捨てなので衛生的です。
割り箸も楊枝も見栄えがアップしますね。

❶楊枝入れ
　折り方→66ページ

❷割り箸入れ
　折り方→69ページ

❸箸置き（四種）
　折り方→71ページ

暮らしに役立つ小物

❶フォトフレーム
　折り方→76ページ

❷卓上カレンダー
　折り方→79ページ

❸レターホルダー
　折り方→81ページ

❹小物入れ
　折り方→82ページ

レターホルダーと
フォトフレームなど

フォトフレームは、
飾りたい写真に合わせて
紙の質感と色を考えながら
作ってみましょう。
レターホルダーも
ボリュームがあるので
手紙とハガキを分けて
整理できます。

❸

❹

❶

ペン立てとメモスタンド

ペンだけでなく、ハサミや定規、ホッチキスなどの文房具や眼鏡まで入ってしまう、
しっかりしたペン立て。
メモホルダーとお揃いで作るのもいいですね。

❶ペン立て
　折り方→84ページ

❷メモスタンド
　折り方→86ページ

❸ロッキングメモホルダー
　折り方→88ページ

CD・文庫本ケースと
ティッシュケース、小銭入れ

❷

❶

❸

あちこちに分散していた
CDや文庫本は、
机のすみにでも
手軽に整理がつきます。
ポケットに入れていた
ティッシュや小銭入れも、
簡単に作れます。

❶CD・文庫本ケース
　折り方→90ページ
❷ティッシュケース
　折り方→92ページ
❸小銭入れ
　折り方→94ページ

一輪挿しと壺

一輪挿しのなかに試験管や竹筒を入れれば、
生花が活けられます。
紙（折り紙）や布で作った花を飾るのにも、
ぴったりです。

❶一輪挿し
　折り方→96ページ

❷壺
　折り方→99ページ

❶ ブックカバー
　折り方→102ページ
❷ しおり（三種）
　折り方→104ページ

ブックカバーとしおり

大好きな本には、オリジナルのブックカバーをかけて楽しみます。
そして読みかけの本には、お気に入りのしおりをはさみましょう。

ホウキとチリ取り、そしてチューリップのゴミ箱

机の上にたまった消しゴムのカスには、
こんなホウキとチリ取りが
あったら便利ですね。
ゴミ箱も丸めて
ゴミごと捨てられます。

❶ チューリップのゴミ箱
　折り方→109ページ

❷ チリ取り
　折り方→108ページ

❸ ホウキ
　折り方→106ページ

日よけ帽子

野球観戦やサッカー観戦に
持っていきたい日よけ帽子です。
お子さんとお揃いで
用意しましょう。

❶日よけ帽子
　折り方→111ページ
❷かぶとの日よけ帽子
　折り方→113ページ

折って遊べる折り紙

紙飛行機・紙鉄砲・コマ・船

子供の頃にパーンと鳴らして遊んだ紙鉄砲。
作り方をまだ覚えていますか。

❶ 紙飛行機
　折り方→116ページ

❷ 紙鉄砲
　折り方→118ページ

❸ コマ
　折り方→122ページ

❹ 紙風船
　折り方→120ページ

❺ 船（駆逐艦、航空母艦）
　折り方→124ページ

包装紙を使った
季節の折り紙

お正月

❶

❷

門松と鶴の器（うつわ）

お正月には、家の門口に
松の飾りを立てました。
そして縁起の良い鶴をかたどった器が
よく似合います。

❶門松
　折り方→128ページ

❷鶴の器
　折り方→130ページ

節分

鬼の面と豆箱

「鬼は外」と言いながら、豆をまく子供たちの声が聞こえてきそうですね。

❶

❷

❶鬼の面
　折り方→134ページ
❷豆箱
　折り方→136ページ

桃の節句

❶ 男雛と女雛
　折り方→140ページ
❷ 花の器
　折り方→138ページ

雛人形と花の器

今年はこんなお雛様を
飾ってみてはいかがでしょう。
花の器に入れたひなあられも
一緒に。

端午の節句 — 鯉のぼりとかぶと

端午の節句と言えば五月の空に、鯉のぼり。
かぶとも一緒に折りましょう。

❶

❷

❶鯉のぼり
　折り方→147ページ

❷かぶと
　折り方→145ページ

七夕

星型の器(うつわ)

七夕にふさわしい星型の器は、
金や銀など輝きを放つ紙で
折りましょう。

❶

❶星型の器
折り方→149ページ

十五夜

タヌキと三方

一年でもっともお月さまが美しい季節です。
森の仲間たちも誘われて集まってきました。

❶ タヌキ
　折り方→152ページ

❷ 三方
　折り方→154ページ

クリスマス

クリスマスツリーと
サンタさん

こんなロマンチックなクリスマスツリーと、
サンタさんはいかが。
「聖夜」の歌も聞こえてきそうです。

❶クリスマスツリー
　折り方→156ページ
❷サンタクロース
　折り方→158ページ

はじめに

　日本が世界に誇る文化の1つ、それは折り紙です。1枚の紙からさまざまな形を生み出すことができる素晴らしい折り紙、子どもの頃にツルやカブトを折って遊んだ記憶がある方も多いのではないでしょうか。

　最近では複雑な折り方で芸術性の高いもの、高級な紙や特殊な素材を使う折り紙も増えてきました。そんな折り紙の中で、本書ではチラシ・広告で折れる実用的でシンプルな折り紙を紹介します。

　新聞の折り込みチラシやポストに投函される広告など多くの場合、ゴミとして捨てられてしまうものですが、これらがゴミ箱やホウキ、チリ取りに変身するとしたらどうでしょうか？

　おやつに食べたミカンの皮や落花生の殻をこのゴミ箱にポンポンと放り込み、あるいは机の上に散らばった消しゴムのカスをこのホウキとチリ取りで片付けて、そのまま可燃ゴミとして本物のゴミ箱にポイ！　便利ですね。素材はいくら使ってもタダのチラシや広告です。

　食卓を楽しくするものから子どもの頃に遊んだ昔なつかしいものまで、折って終わりではなく、実用的に使ったり、遊んだりできる折り紙です。その他にも、お中元やお歳暮などの贈りものに使われるきれいな包装紙を使った、飾りものとしても素敵な折り紙も紹介します。

　また、ゴミとして捨ててしまう紙をリサイクルするチラシ折り紙はとてもエコロジーです。エコブームの現在だからこそ、手作りの折り紙グッズを使って楽しみながら、エコライフを送ってみてはいかがでしょうか。

　本書で、なつかしい折り紙の感覚を思い出しながら楽しみ、毎日の生活に彩りが加えられれば幸いです。

坂田英昭

折り方の基本

本書では以下のような記号や基礎折りを使って、折り方の説明をしていきます。各作品を折る際によく使うものなので、しっかりと覚えておきましょう。

谷折り

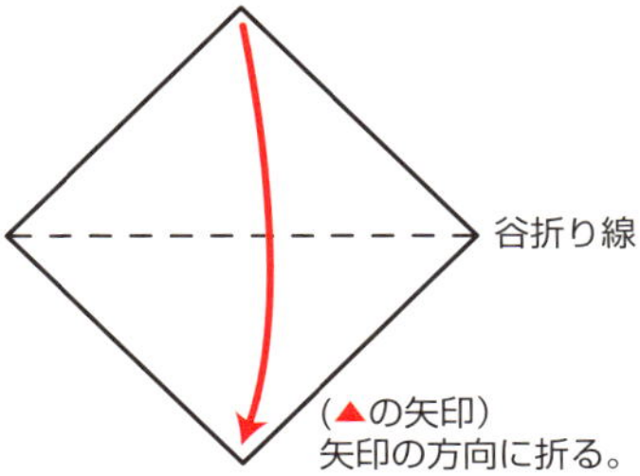

谷折り線

（▲の矢印）矢印の方向に折る。

折ると線が内側になる。

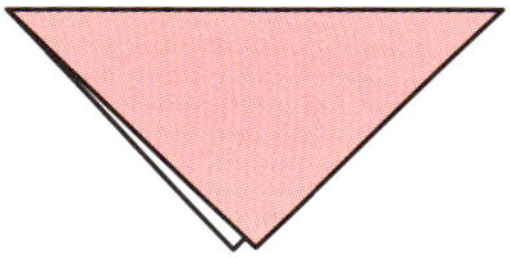

山折り

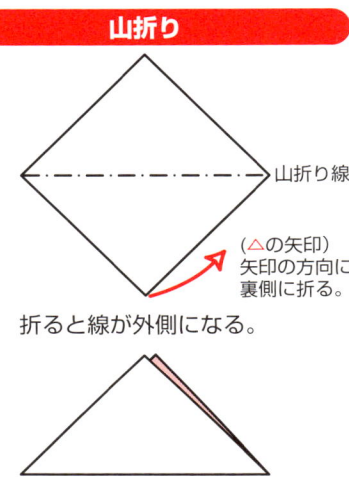

山折り線

（△の矢印）矢印の方向に裏側に折る。

折ると線が外側になる。

均等に分ける

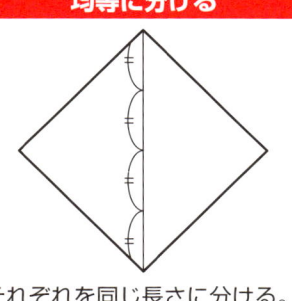

それぞれを同じ長さに分ける。

折り線をつけて戻す

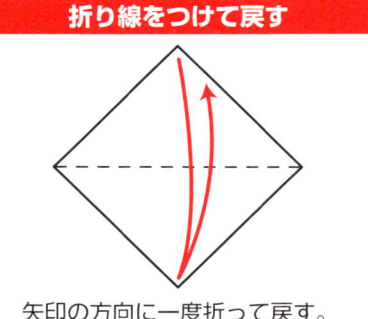

矢印の方向に一度折って戻す。

開いてつぶす

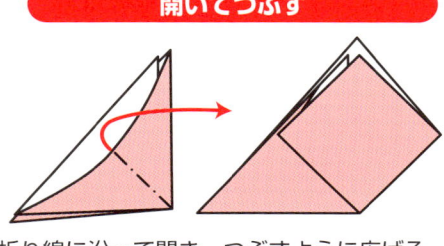

折り線に沿って開き、つぶすように広げる。

差し込む

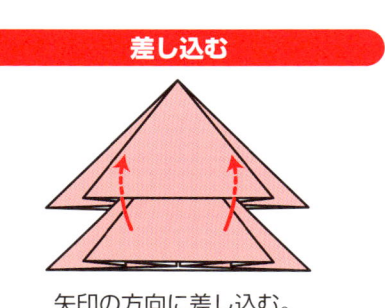

矢印の方向に差し込む。

 **かぶせ折り**

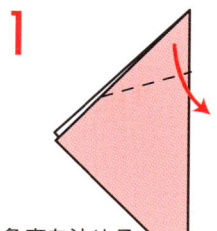

1 角度を決めるために折り下げる。

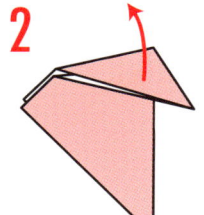

2 角度を決めたら折り線をつけて戻す。

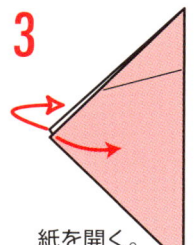

3 紙を開く。

4  折り線に合わせて上の部分をかぶせながら○と○を裏側で合わせる。

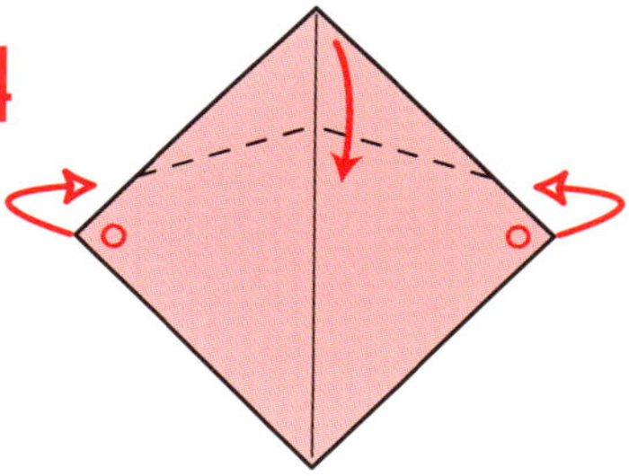

5 かぶせ折り

中割り折り

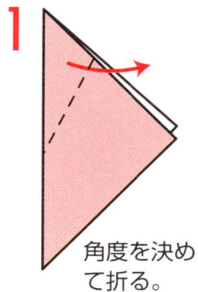

1 角度を決めて折る。

2 折り線をつけて戻す。

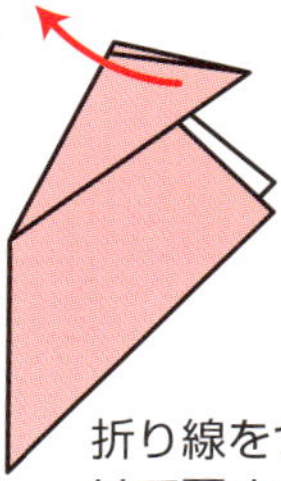

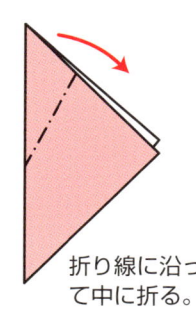

3 折り線に沿って中に折る。

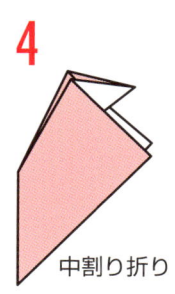

4 中割り折り

つまみ折り

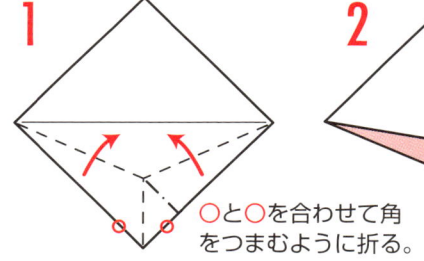

1

2 ○と○を合わせて角をつまむように折る。

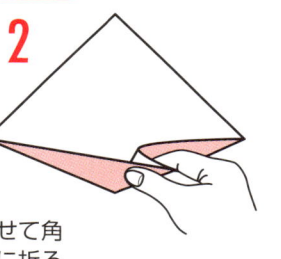

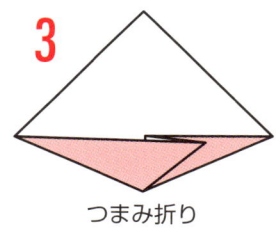

3 つまみ折り

35

用紙について

　用紙となるチラシのサイズは一定していませんが、本書ではJIS規格の用紙サイズである「A4」（297mm×210mm）と「B4」（364mm×257mm）を標準サイズとして、ここから分割したもの、正方形にカットしたものを使用しています。
　また、新聞紙1ページ分（545mm×820mm）を新聞紙サイズとしています。各作品のページに適した用紙サイズを掲載していますので、参考にしてください。

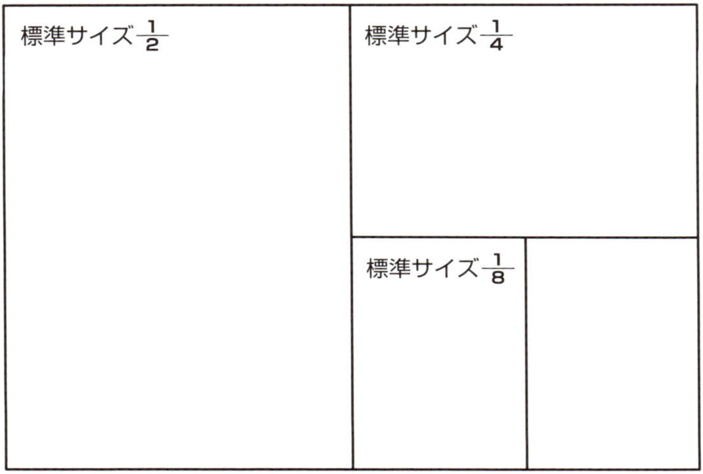

- ●標準サイズ①（A4）：297mm×210mm
- ●標準サイズ②（B4）：364mm×257mm
- ●新聞紙サイズ　　　：545mm×820mm

正方形にカットする方法

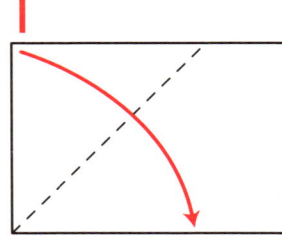

1 片側を三角に折る。

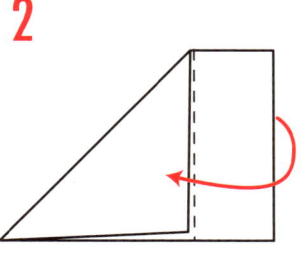

2 あまった部分を内側に折る。

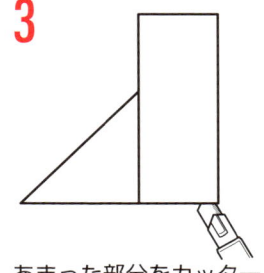

3 あまった部分をカッターなどでカットする。

（難易度について）
　本書では、各折り紙の難しさを★印の3段階で用紙サイズの下に表示しています。★が多いほど折るのが難しい折り紙になるので、折り紙に慣れていない方、苦手な方は、まず簡単な折り紙からチャレンジしてみてください。

PART 1
食卓を彩る小物

- 十字菓子箱
- 八角菓子箱
- 四角コースター
- 星型コースター
- 塩・コショウ入れ
- エッグスタンド
- 鍋敷き
- しずく受け
- 花かご
- 舟型バスケット
- 八角菓子皿
- 四角菓子皿
- 扇の菓子皿
- 楊枝入れ
- 割り箸入れ
- 箸置き（鳥の箸置き・蛇腹の箸置き・菱形の箸置き・扇の箸置き）

十字菓子箱

たくさんのお菓子が入れられる十字型の菓子箱です。箱の形に開くときに底を丸く整えるのがポイントです。

用紙サイズ 標準サイズ②(B4)より正方形

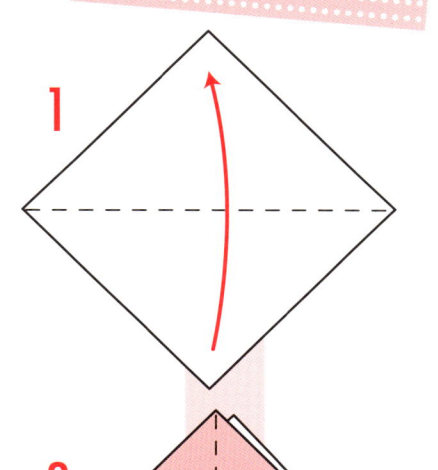

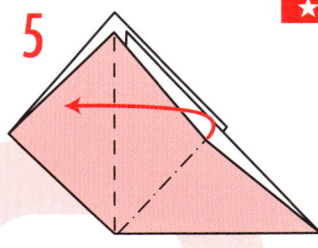

難易度 ★★★

1

2

3 開いてつぶす。

4

裏返す

5 同じように開いてつぶす。

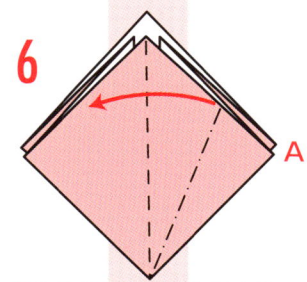

6 Aの角が真ん中になるように開いてつぶす。

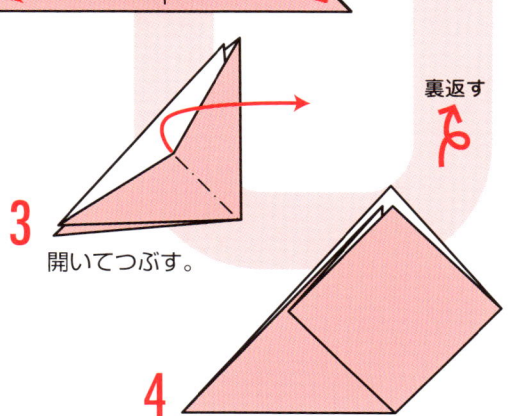

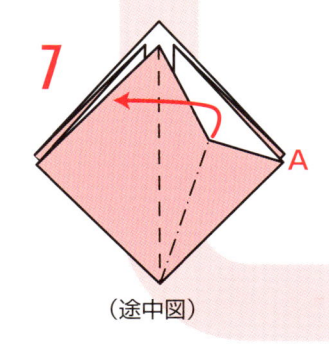

7 (途中図)

38

11
Aを折り線に合わせて引き下げる。

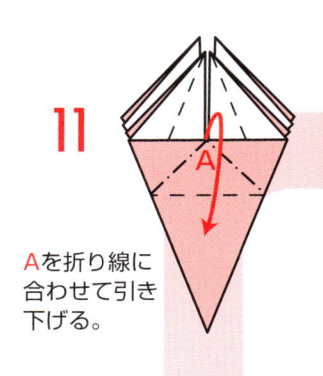

12
（途中図）

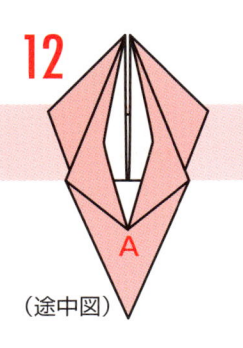

13
三角の部分を折り上げる。

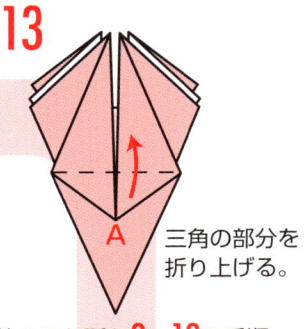

他の3か所も **9〜13** の手順で折る。

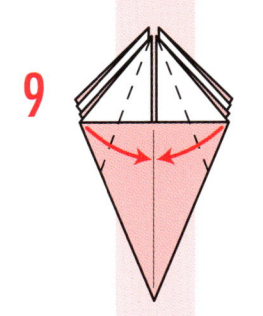

10
折り線をつけて戻す。

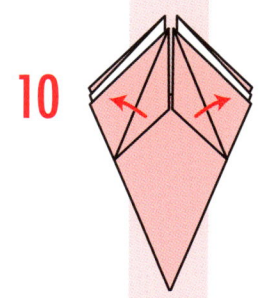

14
左右に開き、三角の部分を内側に折り込む。内側に折り込んだら、左右に開いた部分を戻す。

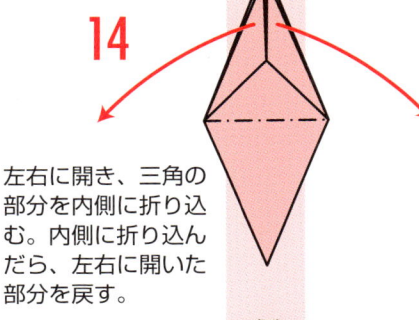

9

15
残りの3か所も同じように折る。

8
他の3つの角も同じように開いてつぶす。

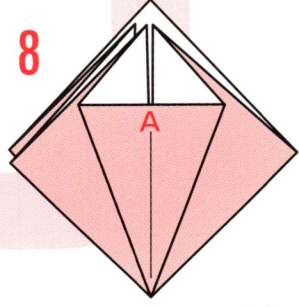

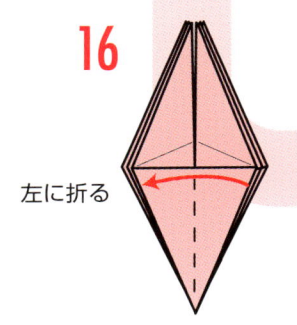

16
左に折る

PART 1 食卓を彩る小物

19

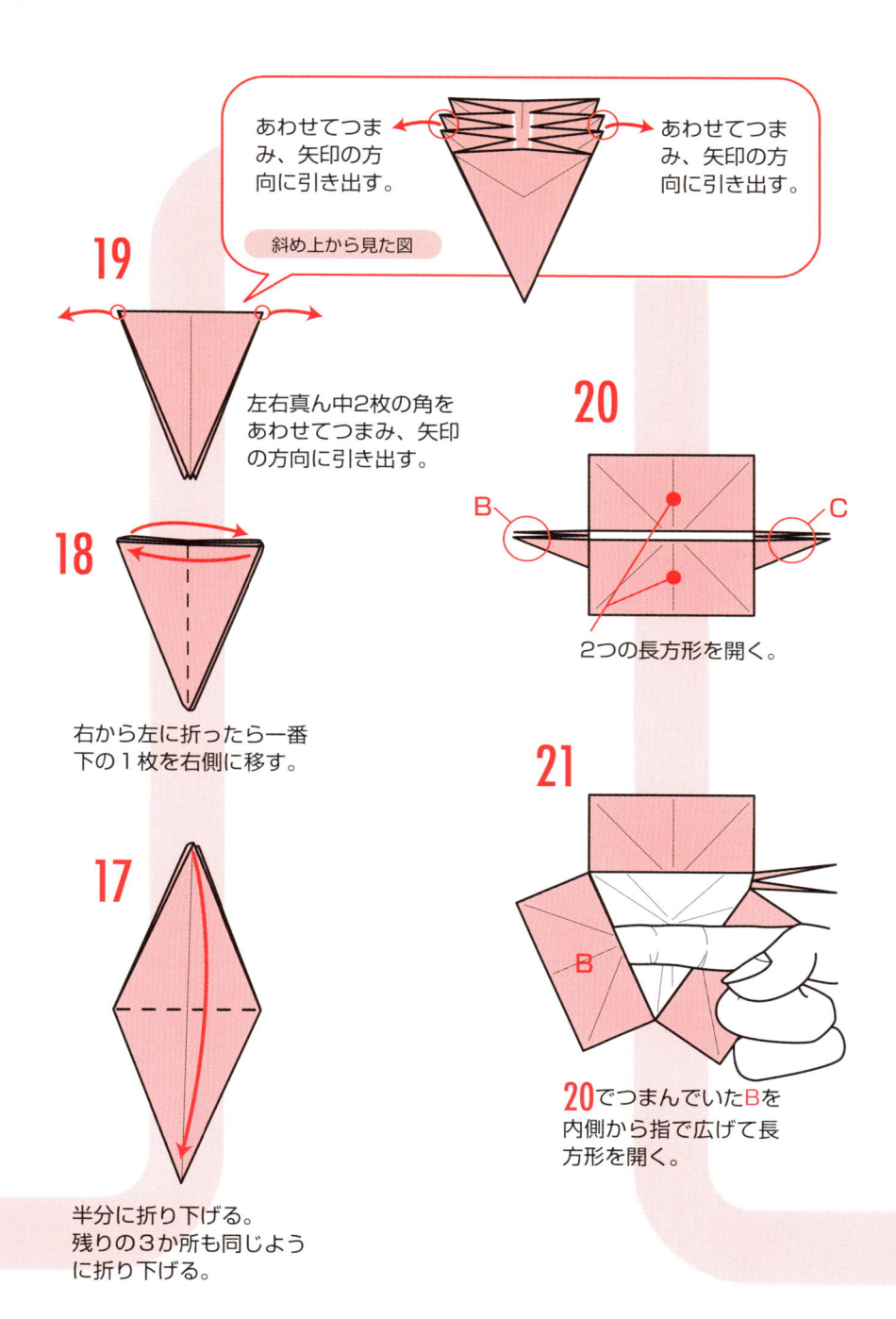

あわせてつまみ、矢印の方向に引き出す。

あわせてつまみ、矢印の方向に引き出す。

斜め上から見た図

左右真ん中2枚の角をあわせてつまみ、矢印の方向に引き出す。

18

右から左に折ったら一番下の1枚を右側に移す。

20

2つの長方形を開く。

17

半分に折り下げる。残りの3か所も同じように折り下げる。

21

20でつまんでいたBを内側から指で広げて長方形を開く。

23

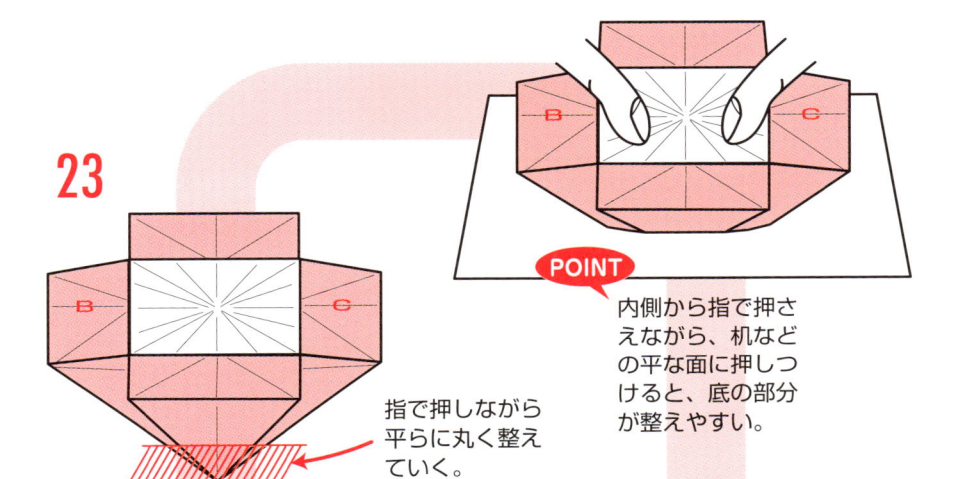

POINT
内側から指で押さえながら、机などの平な面に押しつけると、底の部分が整えやすい。

指で押しながら平らに丸く整えていく。

三角にとんがっている底の部分を丸く広げて整える。

22

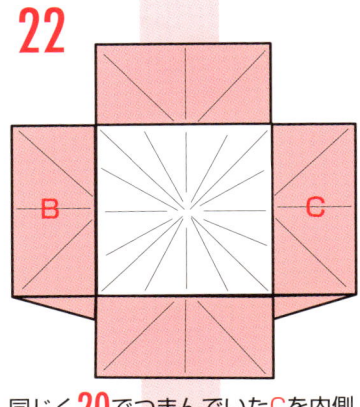

同じく**20**でつまんでいた**C**を内側から指で広げ、長方形を開く。

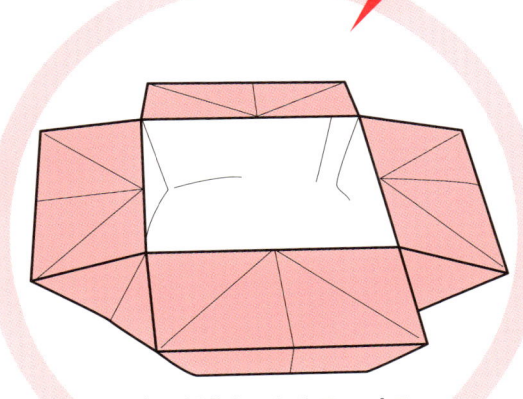

完成

底の部分をのりやテープで止めると安定する。

八角菓子箱

正方形にカットしたチラシから、簡単に作れるシンプルな菓子箱です。たたんでおけば、場所をとらずにストックできます。

用紙サイズ 標準サイズ②（B4）より正方形

難易度 ★★

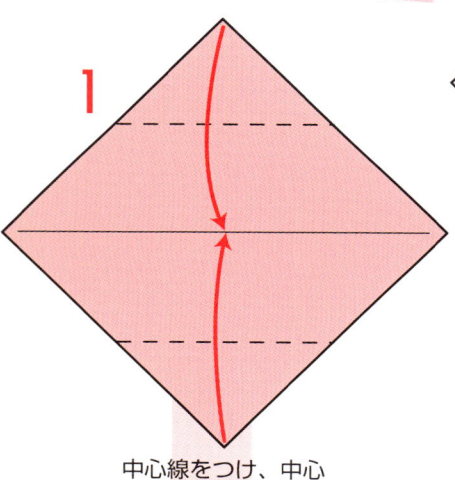

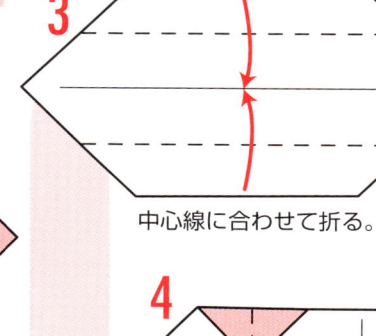

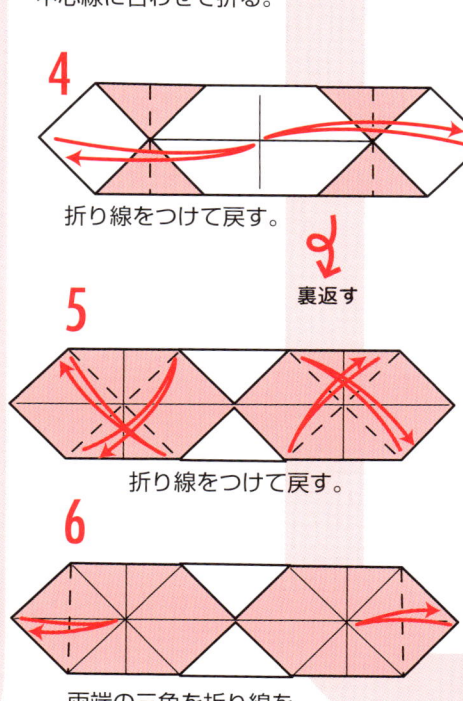

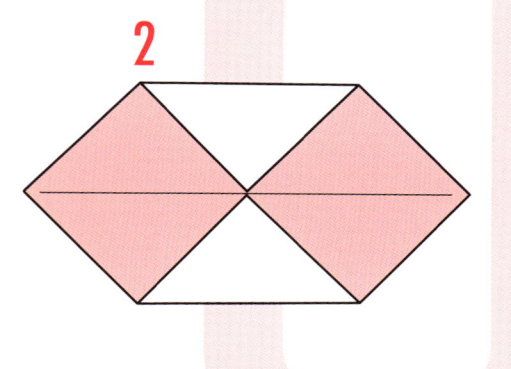

1
中心線をつけ、中心に合わせて折る。

2
裏返す

3
中心線に合わせて折る。

4
折り線をつけて戻す。

裏返す

5
折り線をつけて戻す。

6
両端の三角を折り線をつけて戻す。

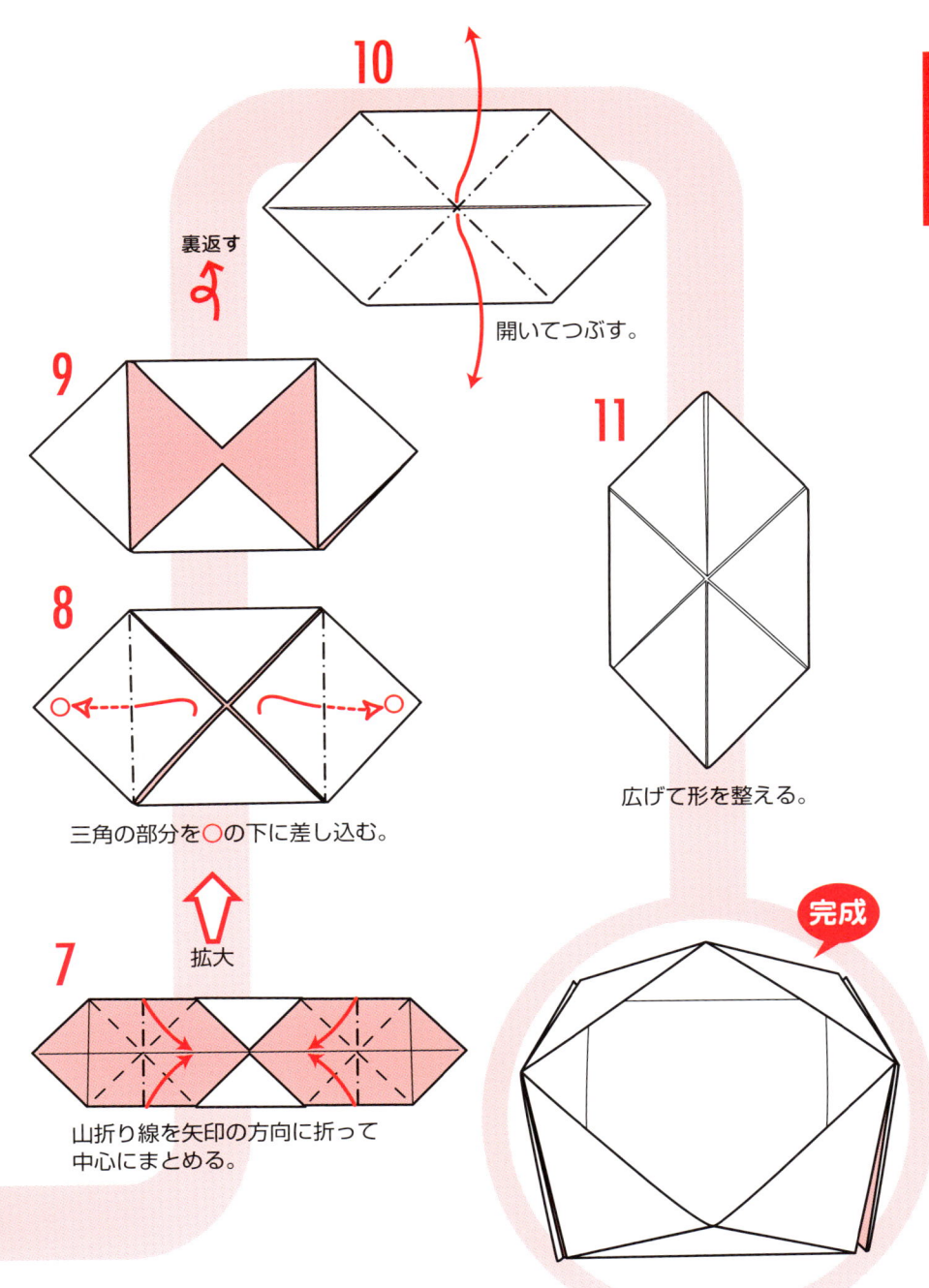

10

開いてつぶす。

裏返す

9

11

8

三角の部分を○の下に差し込む。

拡大

広げて形を整える。

7

山折り線を矢印の方向に折って
中心にまとめる。

完成

PART **1** 食卓を彩る小物

四角コースター

A4サイズのチラシを4分割した紙で作るコースターです。最後に4つを組み合わせて1枚のコースターに仕上げます。

用紙サイズ 標準サイズ①(A4)の $\frac{1}{4}$

難易度 ★

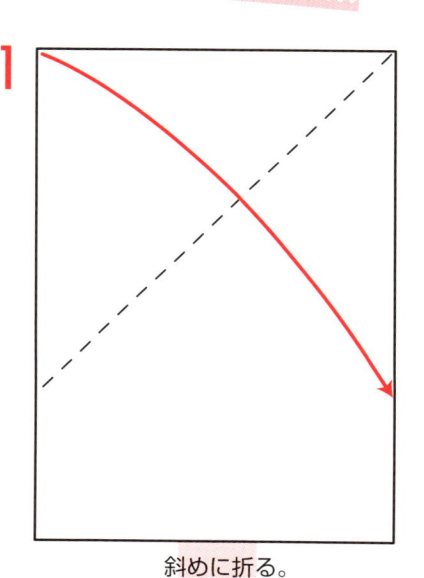

1 斜めに折る。

2 角を斜めに折る。

3 三角の内側に入れる。

6 同じように順に差し込む。

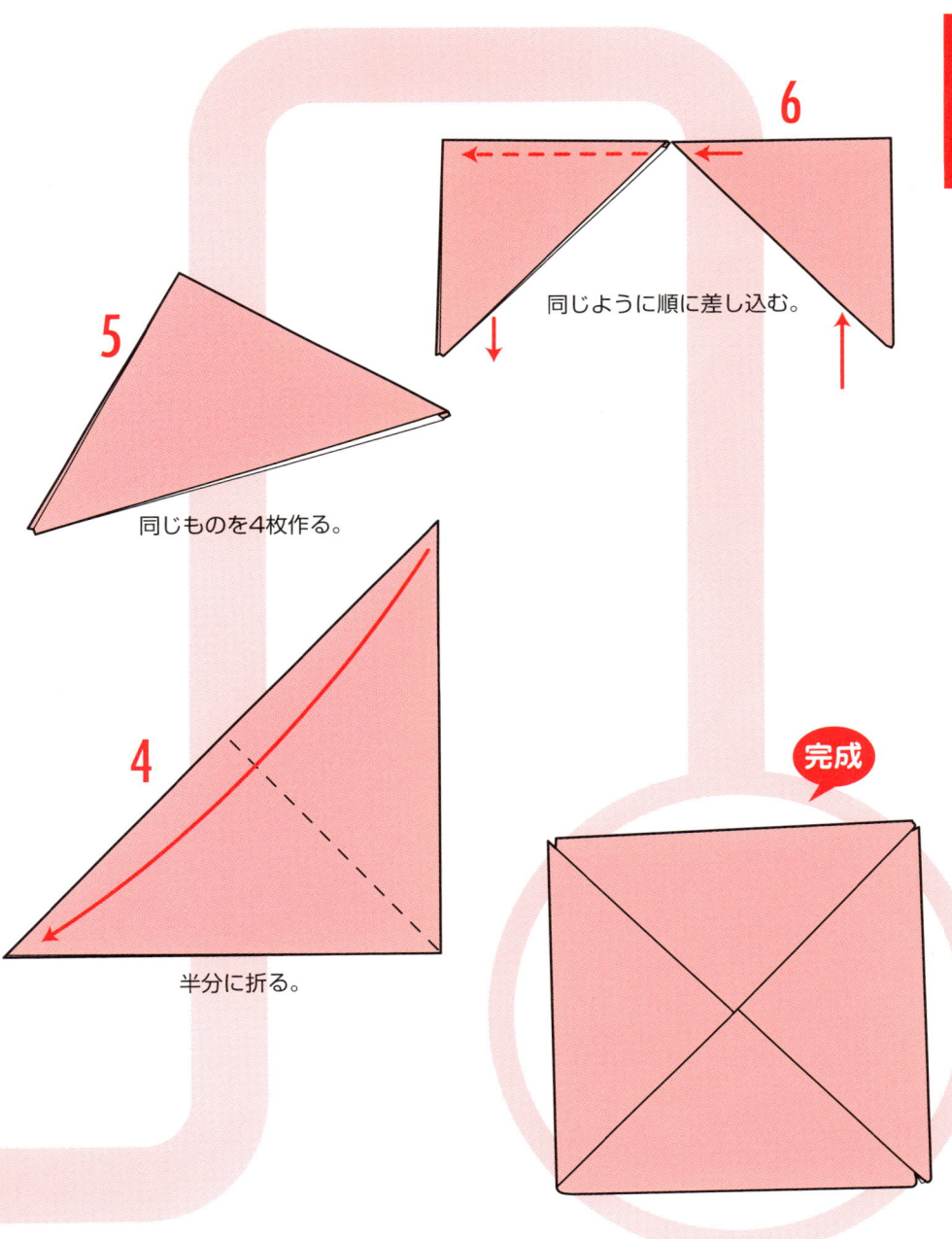

5 同じものを4枚作る。

4 半分に折る。

完成

PART 1 食卓を彩る小物

星型コースター

こちらは1枚の正方形から作るコースターです。最後の部分をしっかりと折るのがコツです。

用紙サイズ 標準サイズ①（A4）より正方形

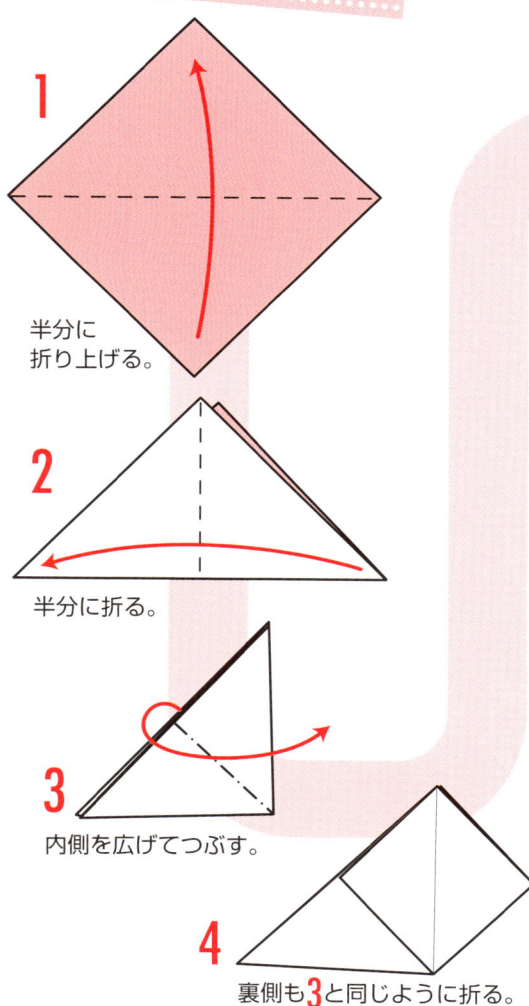

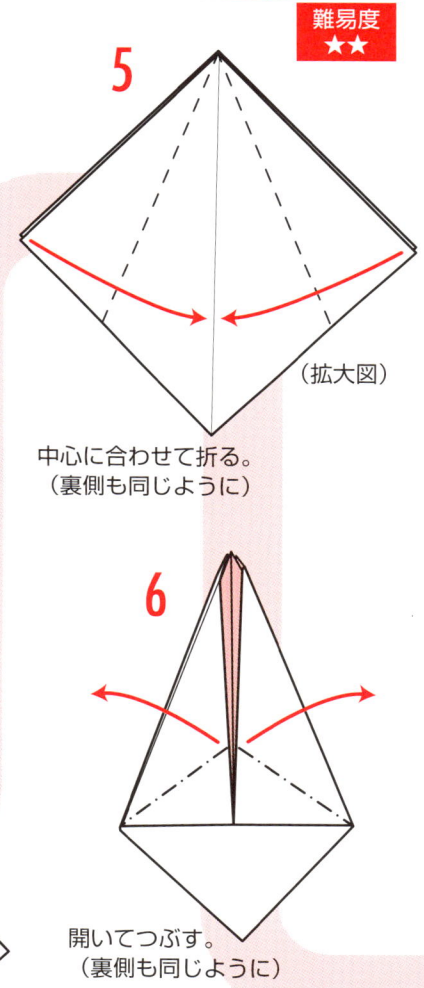

難易度 ★★

1 半分に折り上げる。

2 半分に折る。

3 内側を広げてつぶす。

4 裏側も**3**と同じように折る。

5 中心に合わせて折る。（裏側も同じように）（拡大図）

6 開いてつぶす。（裏側も同じように）

9 再び中心に折る。

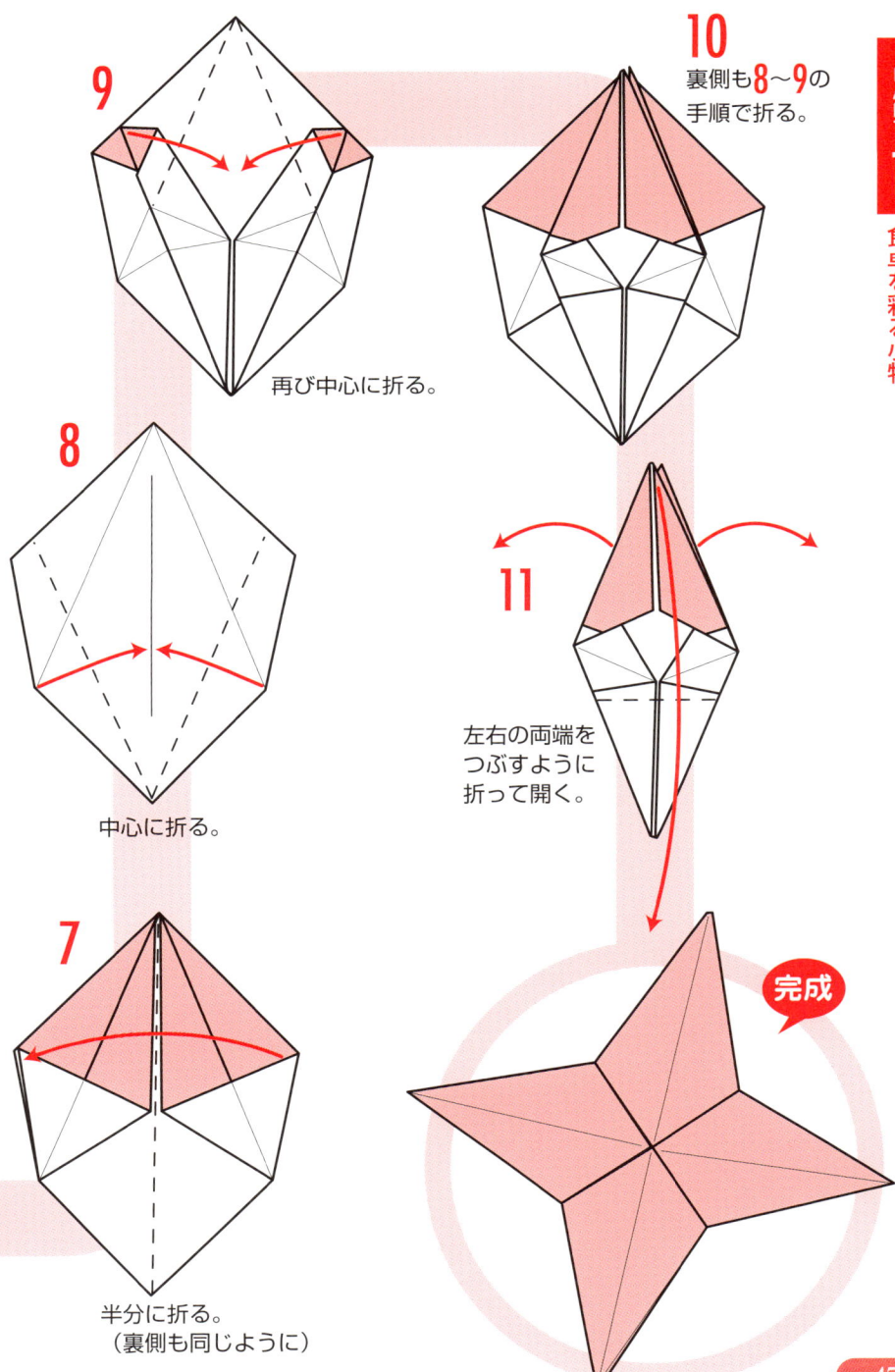

10 裏側も **8〜9** の手順で折る。

8 中心に折る。

11 左右の両端をつぶすように折って開く。

7 半分に折る。（裏側も同じように）

完成

PART **1** 食卓を彩る小物

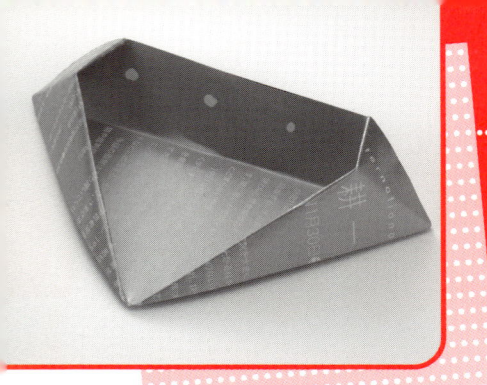

塩・コショウ入れ

少ない手順で作れるしっかりとした塩・コショウ入れです。調味料のサイズに合わせて、紙のサイズを変えてみましょう。

用紙サイズ 標準サイズ①(A4)より正方形

難易度 ★

1 半分に折る。

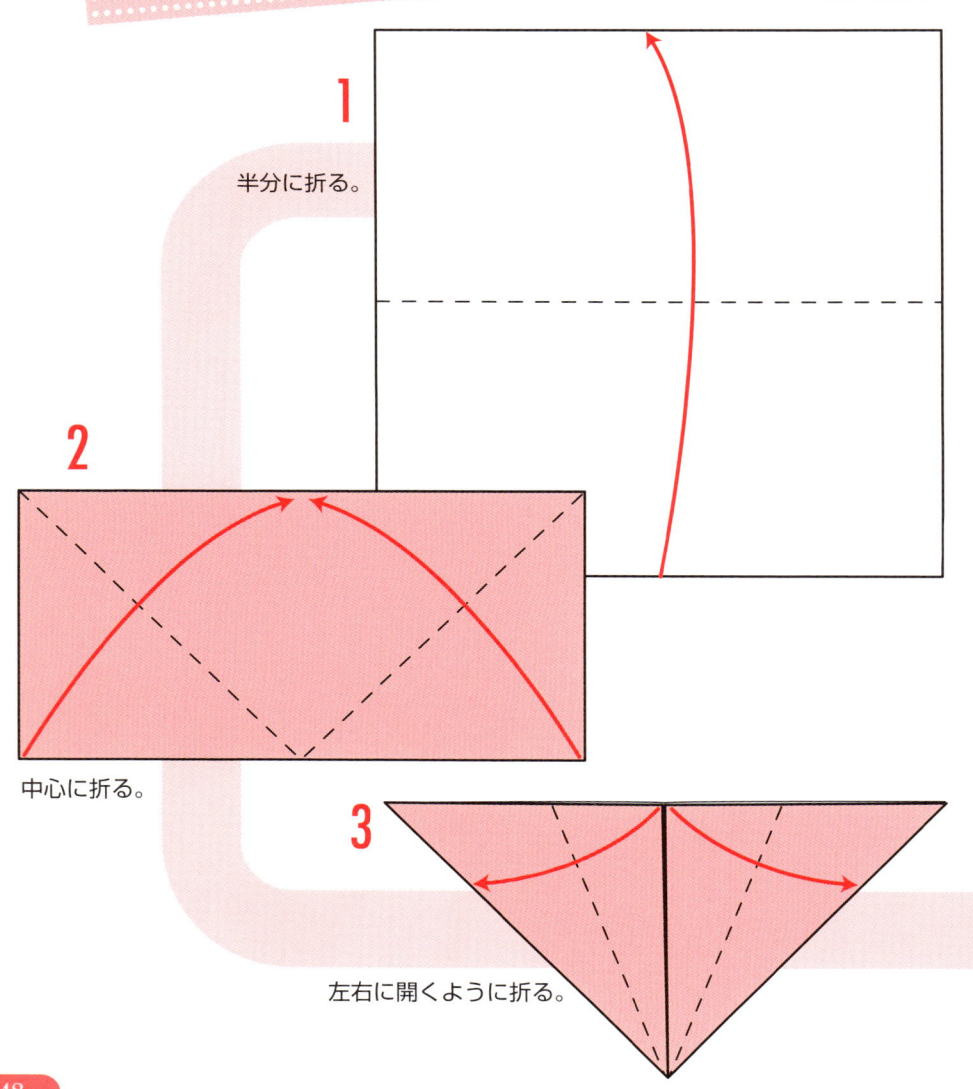

2 中心に折る。

3 左右に開くように折る。

5

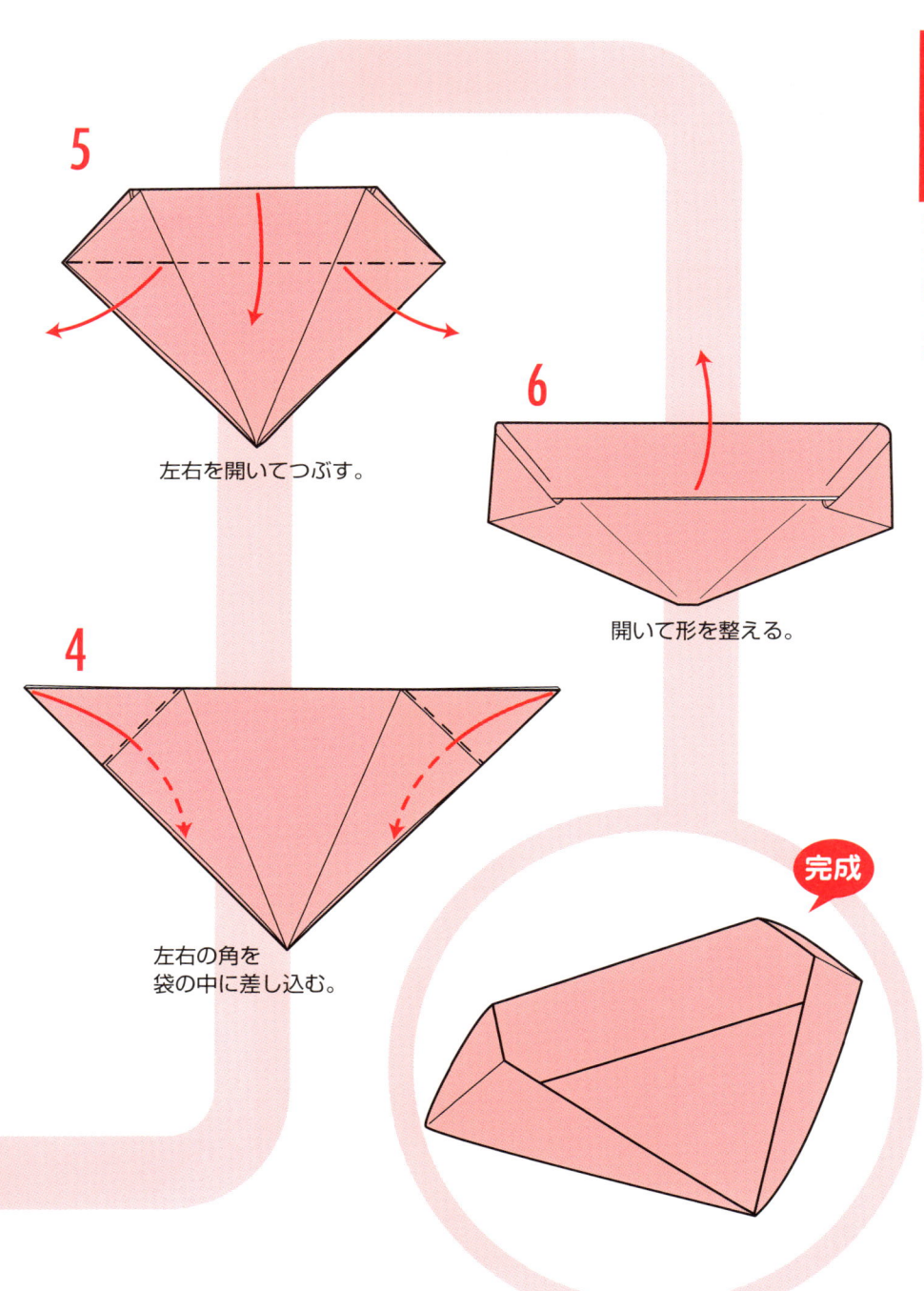

左右を開いてつぶす。

6

開いて形を整える。

4

左右の角を
袋の中に差し込む。

完成

PART 1 食卓を彩る小物

エッグスタンド

朝食のゆでたまごに使える、可愛らしいエッグスタンドです。逆さまにしても使えるところがポイントです。

| 用紙サイズ | 標準サイズ①（A4）の $\frac{1}{2}$ |

難易度 ★★

1 半分に折り下げる。

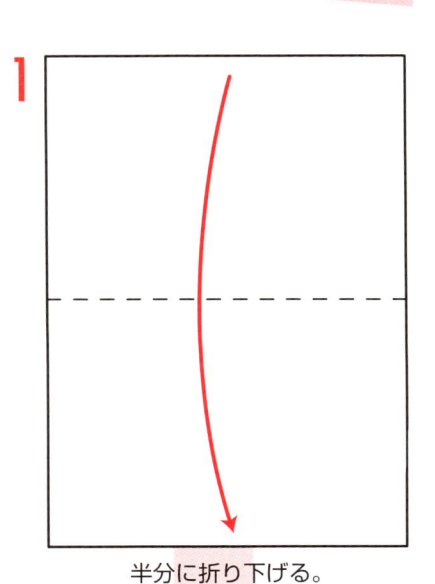

2 中心に折る。

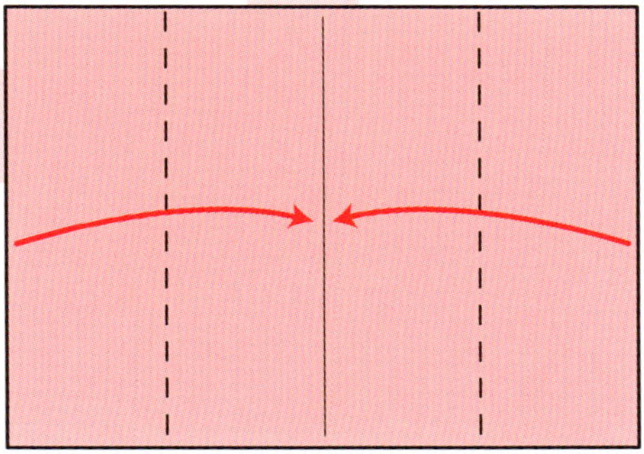

3 開いてつぶす。

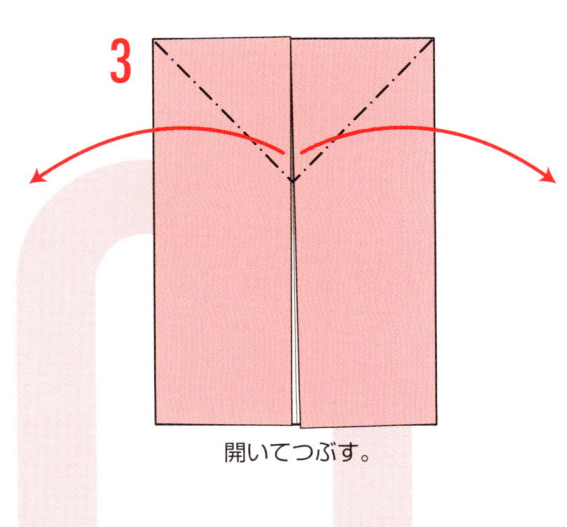

6 折り上げる。

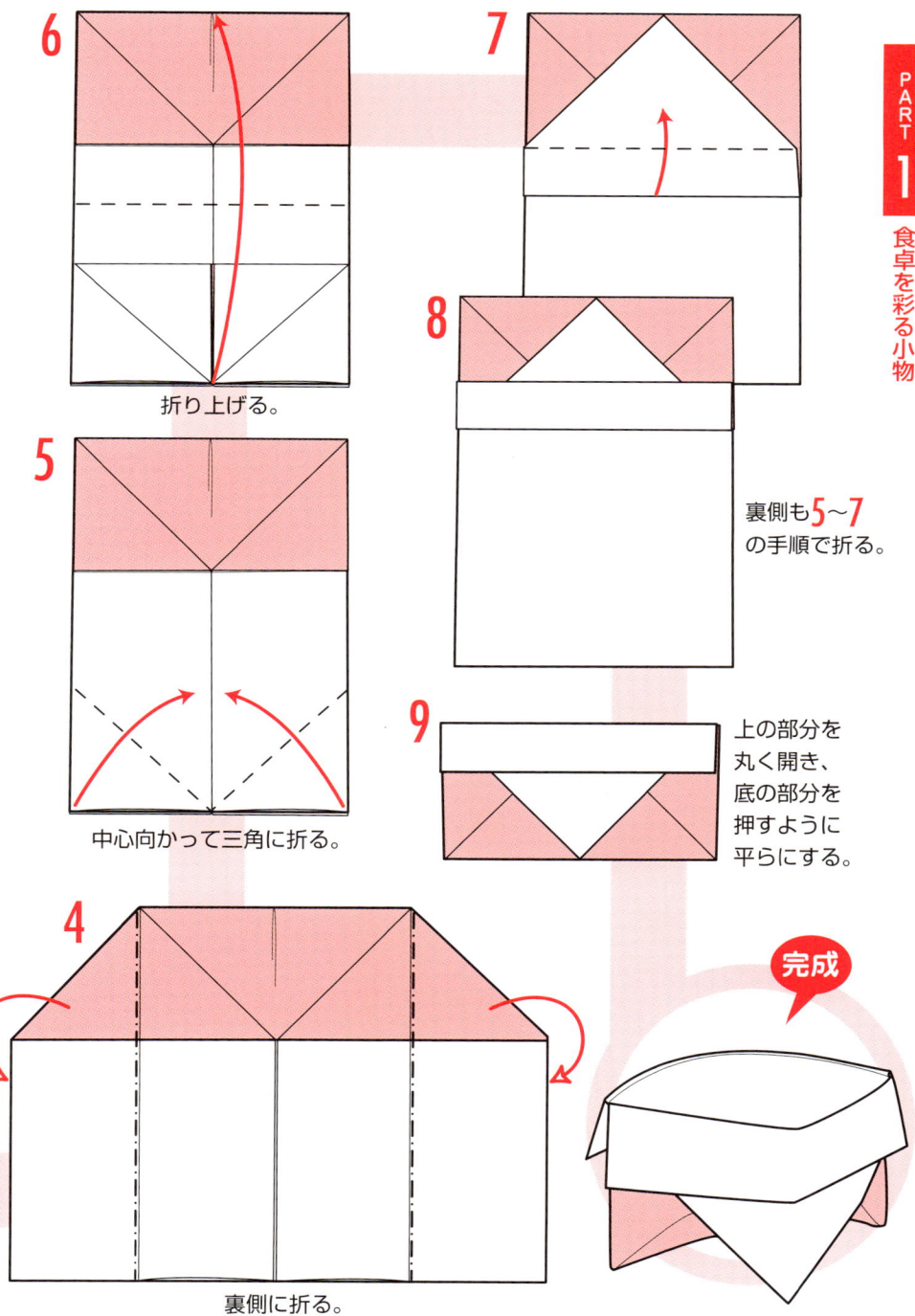

7

8 裏側も5〜7の手順で折る。

5 中心向かって三角に折る。

9 上の部分を丸く開き、底の部分を押すように平らにする。

4 裏側に折る。

完成

PART 1 食卓を彩る小物

51

鍋敷き

正方形にカットしたチラシを 16 枚使用した丈夫な鍋敷きです。小さいサイズの紙で作ればコースターとしても使えます。

用紙サイズ 標準サイズ①(A4)の $\frac{1}{2}$ より正方形

難易度 ★

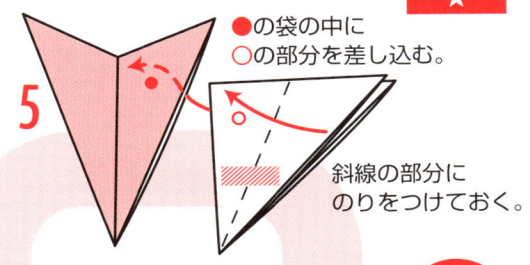

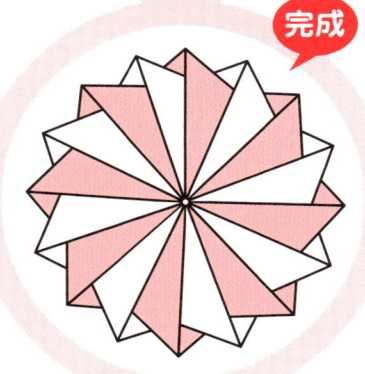

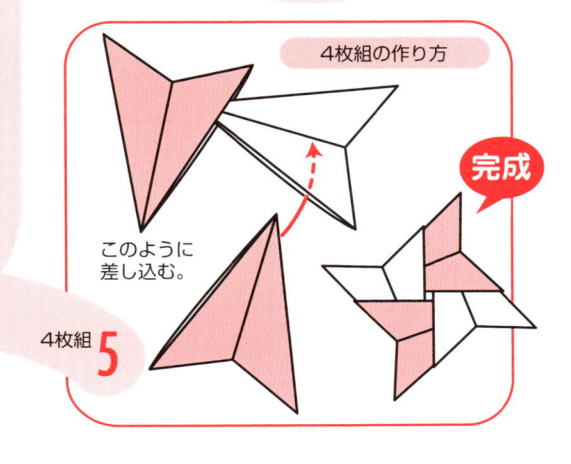

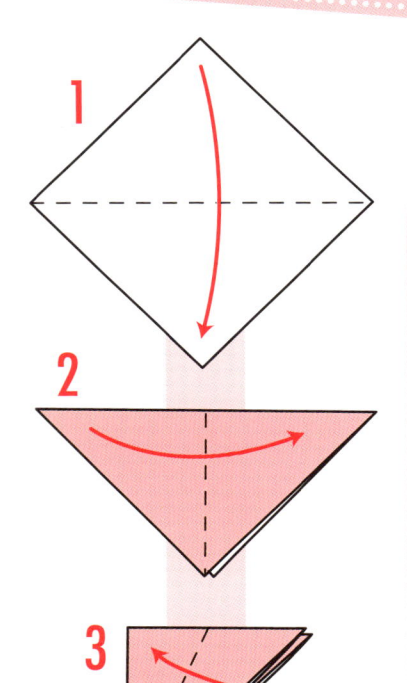

1

2

3

4 同じものを4枚～16枚作る。

5 ●の袋の中に○の部分を差し込む。

斜線の部分にのりをつけておく。

完成

4枚組の作り方

4枚組 5 このように差し込む。

完成

52

しずく受け

スプーン、フォーク、レンゲなど食器に幅広く使えるしずく受けです。水に強い素材のチラシを使うとより実用的になります。

用紙サイズ　特殊サイズ（130mm×210mm）

難易度 ★★

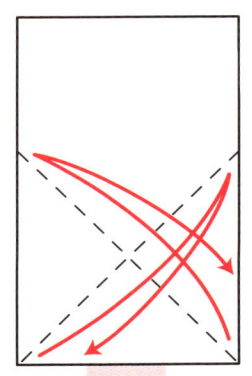

PART 1 食卓を彩る小物

1 折り線をつけて戻す。

裏返す

2 折り線をつけて戻す。

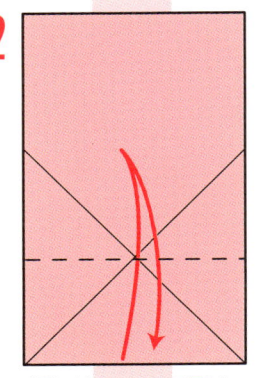

裏返す

3 つけた線に合わせて折る。

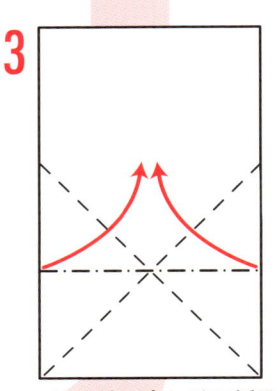

4 上部：半分に折る。
下部：裏側に折る。

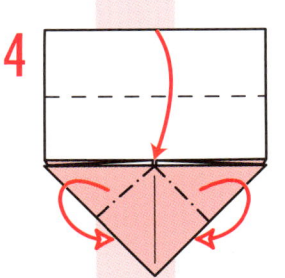

5 上部：折り線をつけて戻す。
下部：裏側に折る。

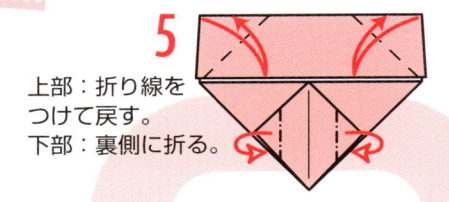

6 三角の部分を内側に中割り折り（35ページ）。

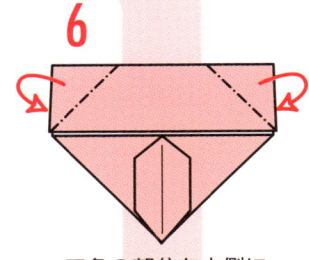

7 折り線をつけて戻す。

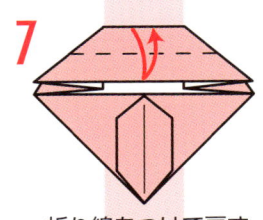

11
○の部分を引き上げて垂直にし、左右の三角も垂直にして、コの字の箱にする。

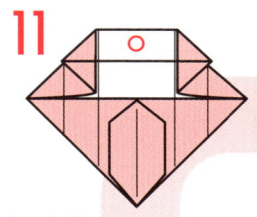

10
再び折り線をつけて戻す。

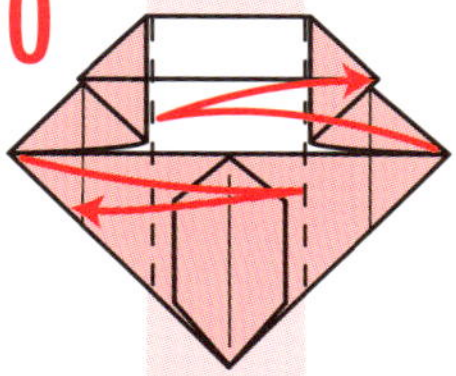

9
角を折り、線をつけて戻す。

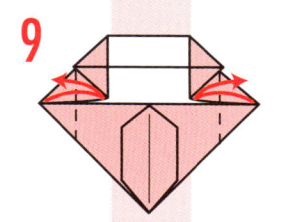

8
折り上げて、三角の部分をつぶすように折る。

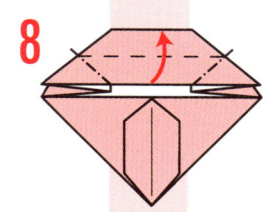

12
（途中図）

13
（途中図）

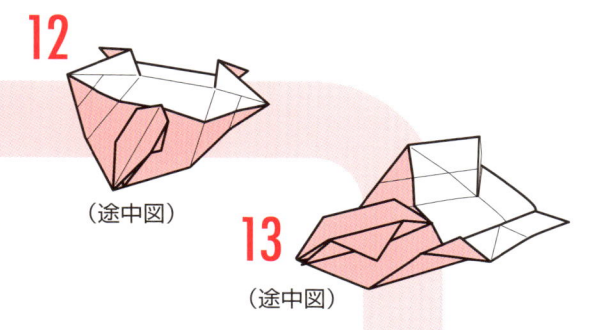

14
（途中図）

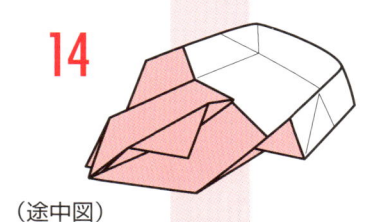

コの字の形の箱を斜め横から見た図

完成

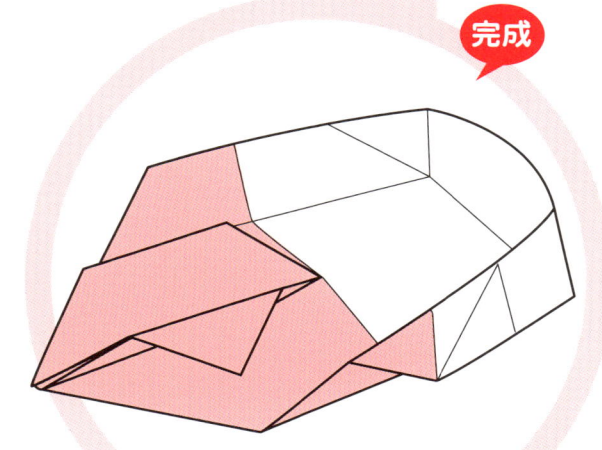

形を整えてできあがり。

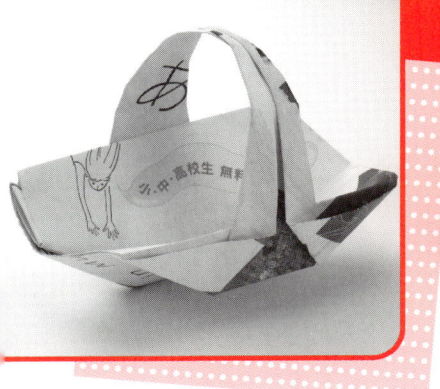

花かご

色とりどりの花を飾れる花かごです。持ち手の部分に、のりづけが必要なので注意しましょう。

用紙サイズ 新聞紙サイズ

難易度 ★★

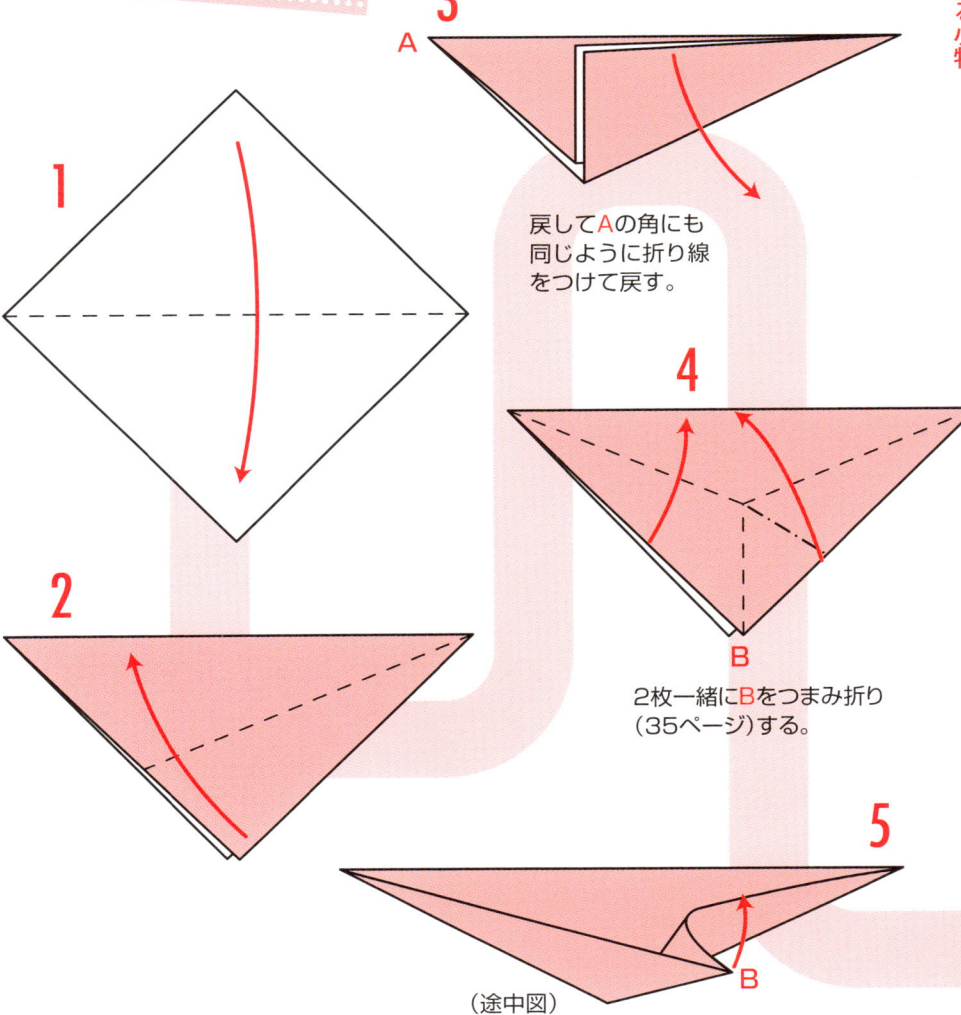

PART 1 食卓を彩る小物

1

2

3
戻してAの角にも同じように折り線をつけて戻す。

4
2枚一緒にBをつまみ折り（35ページ）する。

5
（途中図）

10 (途中図)

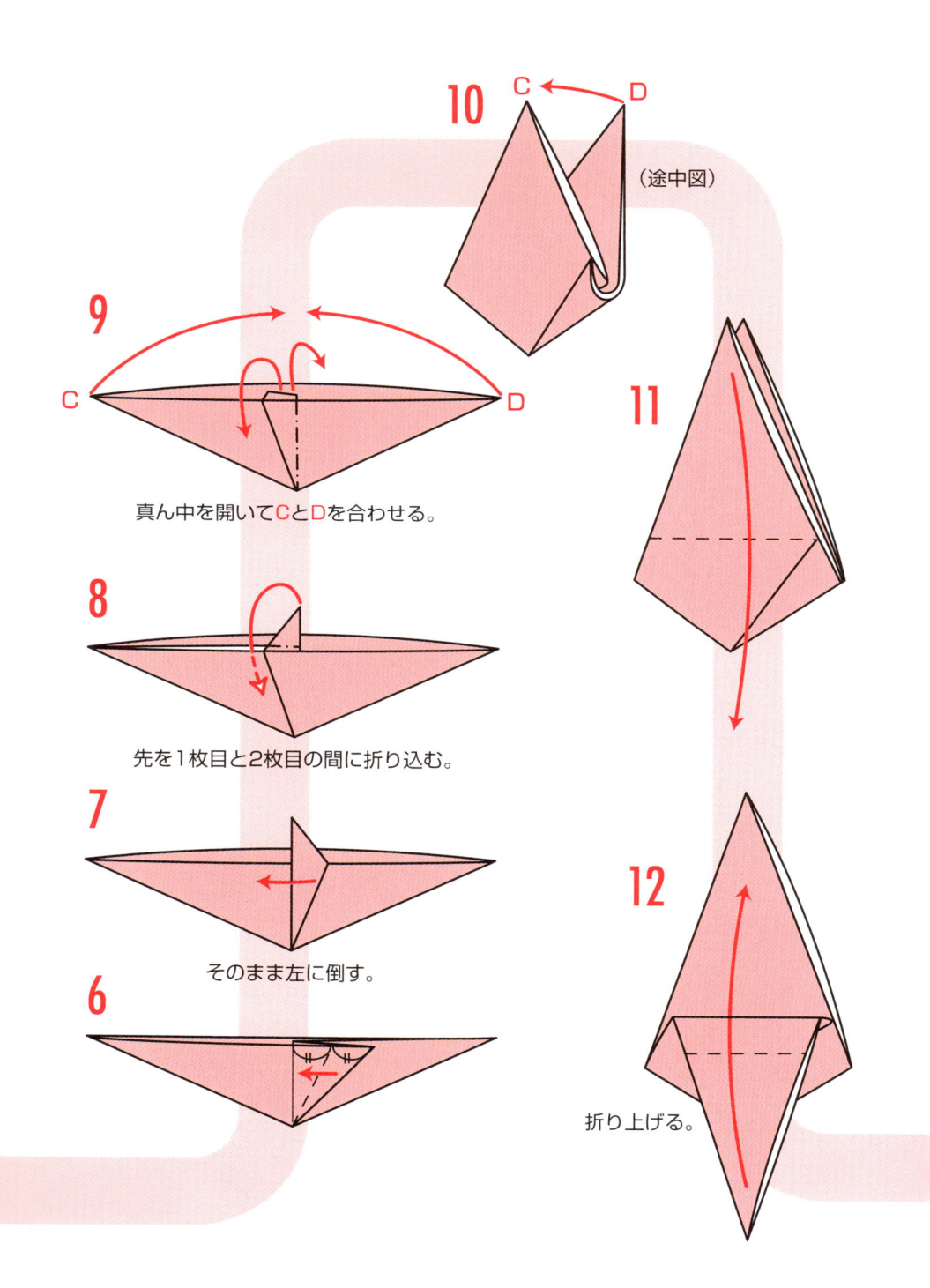

9 真ん中を開いてCとDを合わせる。

8 先を1枚目と2枚目の間に折り込む。

7 そのまま左に倒す。

6

11

12 折り上げる。

56

15

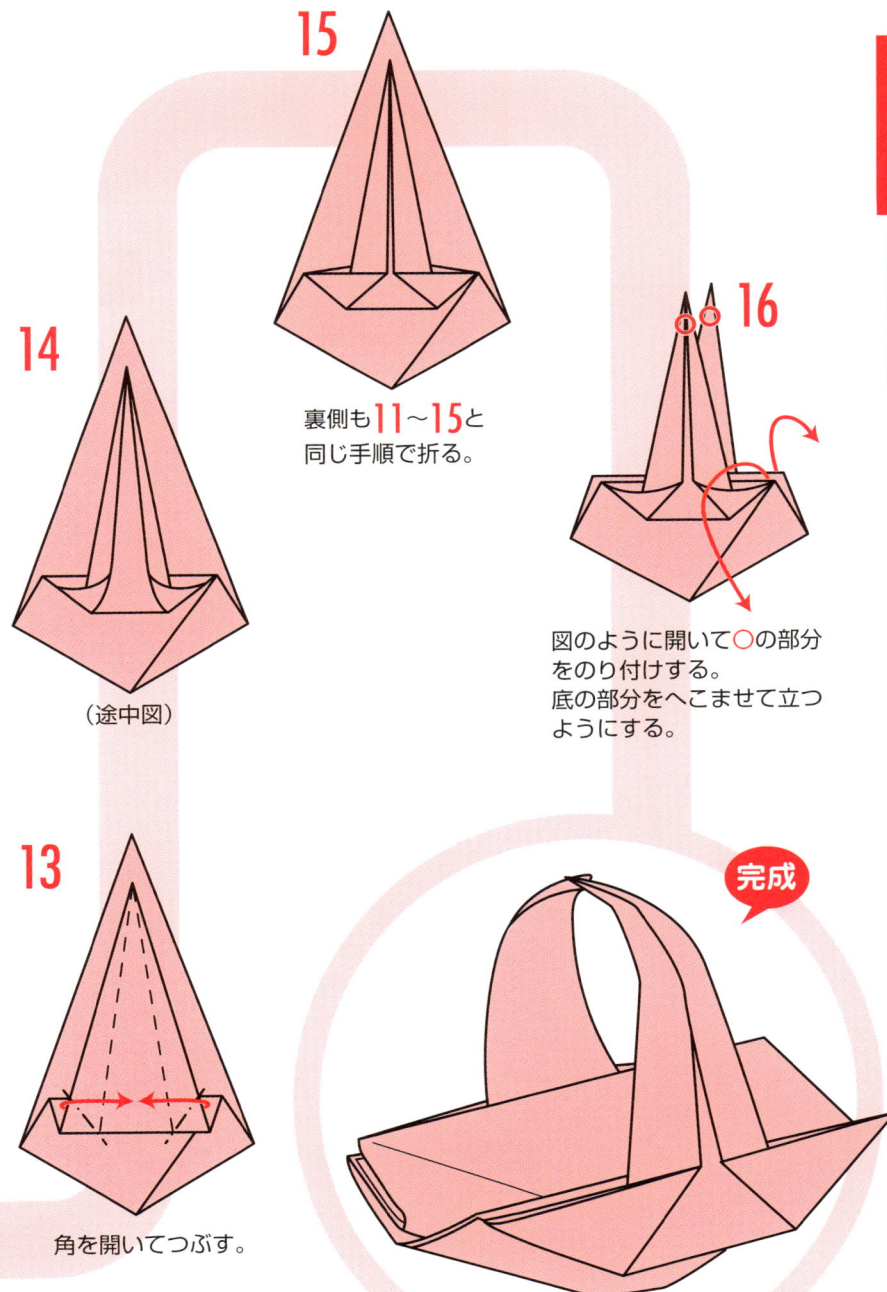

裏側も11〜15と
同じ手順で折る。

16

図のように開いて○の部分
をのり付けする。
底の部分をへこませて立つ
ようにする。

14

（途中図）

13

角を開いてつぶす。

完成

舟型バスケット

果物や野菜を入れておける舟型のバスケットです。たたんでストックしておけば、必要なときすぐに使えます。

用紙サイズ　新聞紙サイズ

難易度　★

1

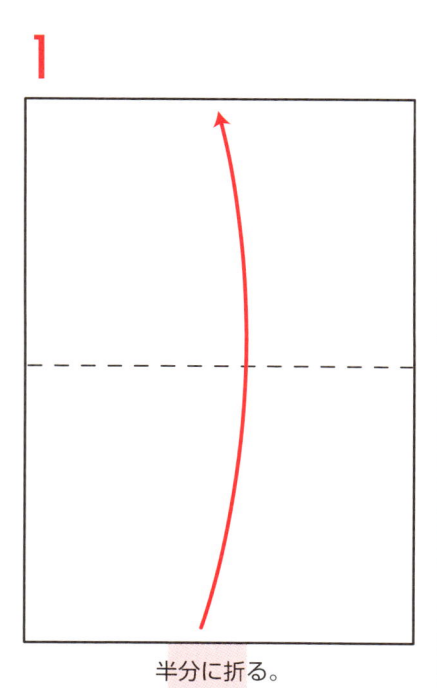

半分に折る。

2

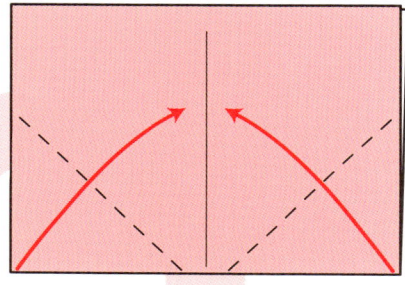

中心に少し間をあけて折る。

3

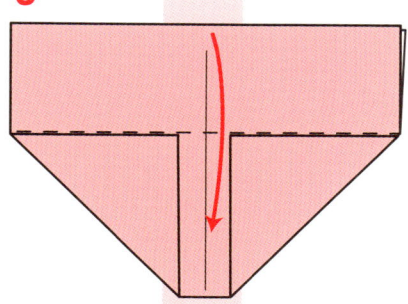

折り下げる。（裏側も同じように）

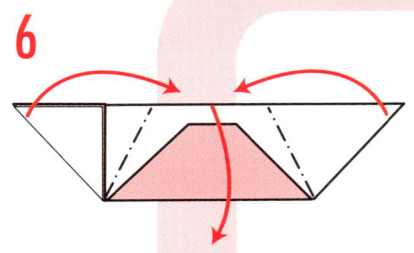

6
舟の形に開いて左右の角を
中心に向かって折りたたむ。

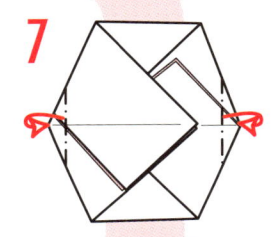

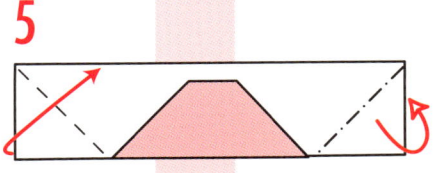

7
裏側に折る。

5
左側を手前に折り、右側を裏側に折る。

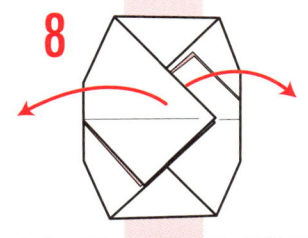

8
左右に開いて舟の形に整える。

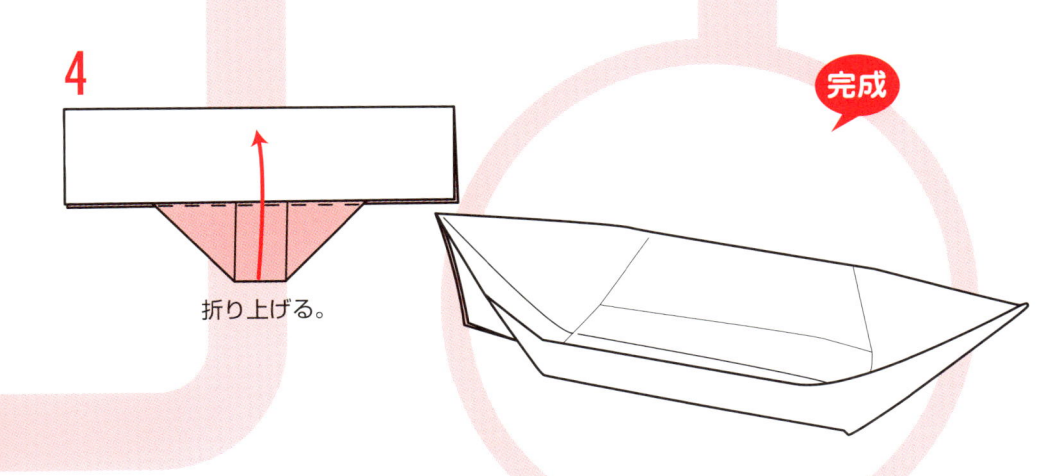

4
折り上げる。

完成

八角菓子皿

八角形の菓子皿です。返しがついているので小さいお菓子を入れるのに便利です。返しの部分の折り方がポイントです。

用紙サイズ 標準サイズ①（A4）より正方形

難易度 ★★

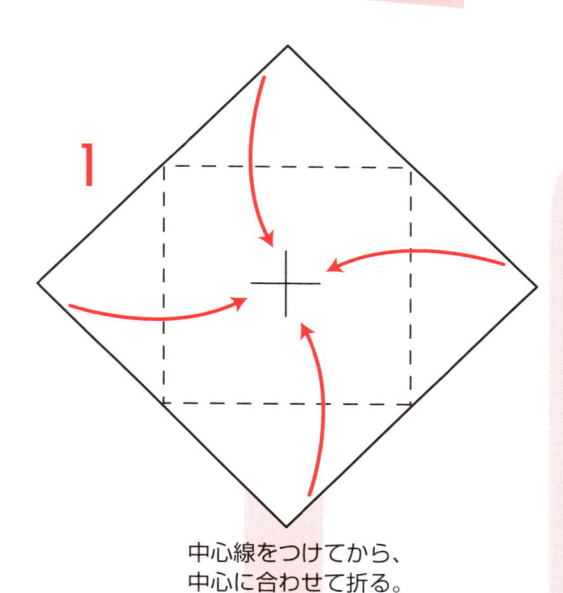

1 中心線をつけてから、中心に合わせて折る。

2

3 折り線をつけて戻す。

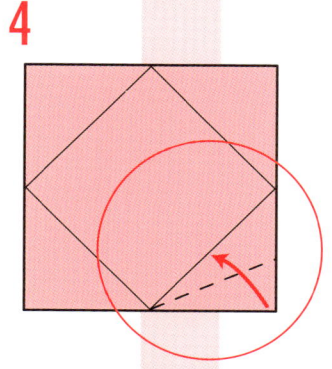

4 つけた折り線に合わせて折る。

裏返す

○部分の拡大図 **7**

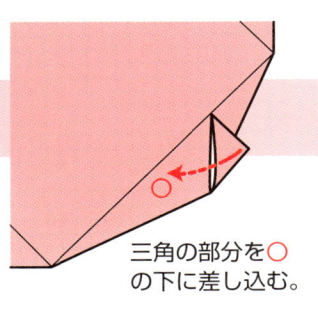

三角の部分を○の下に差し込む。

○部分の拡大図 **6**

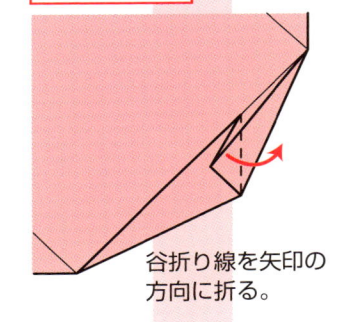

谷折り線を矢印の方向に折る。

○部分の拡大図 **8**

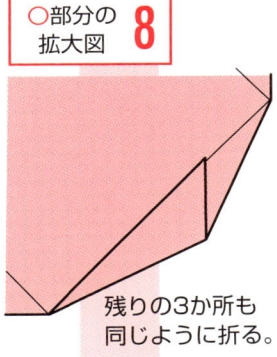

残りの3か所も同じように折る。

○部分の拡大図 **5**

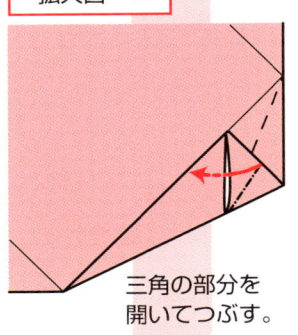

三角の部分を開いてつぶす。

完成

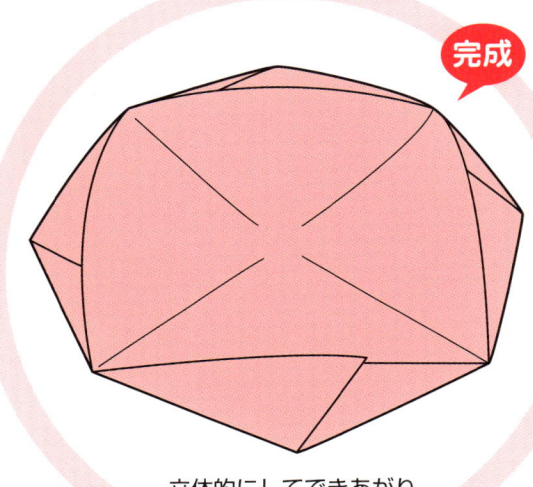

立体的にしてできあがり。

PART **1** 食卓を彩る小物

61

四角菓子皿

クッキー皿として使える四角い菓子皿です。使用する紙は、用途に合わせてサイズを変えてみましょう。

用紙サイズ 標準サイズ①(A4)より正方形

難易度 ★★

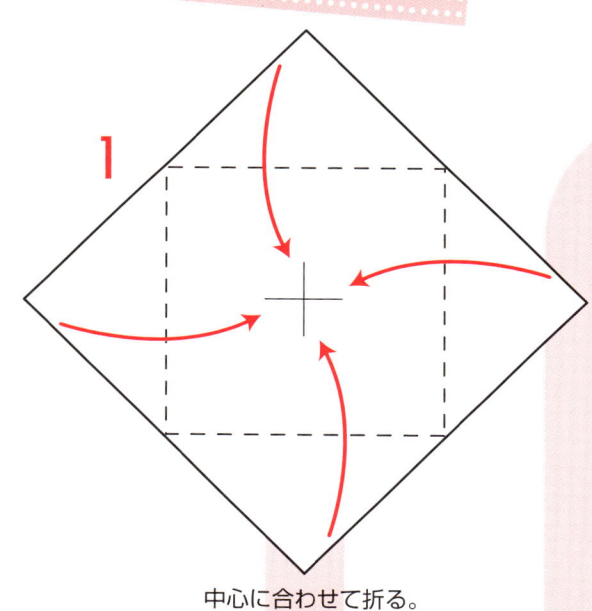

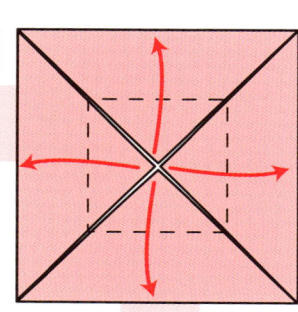

1. 中心に合わせて折る。

2.

3. 外側に開くように折る。

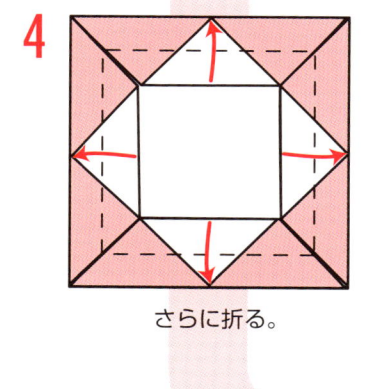

4. さらに折る。

8

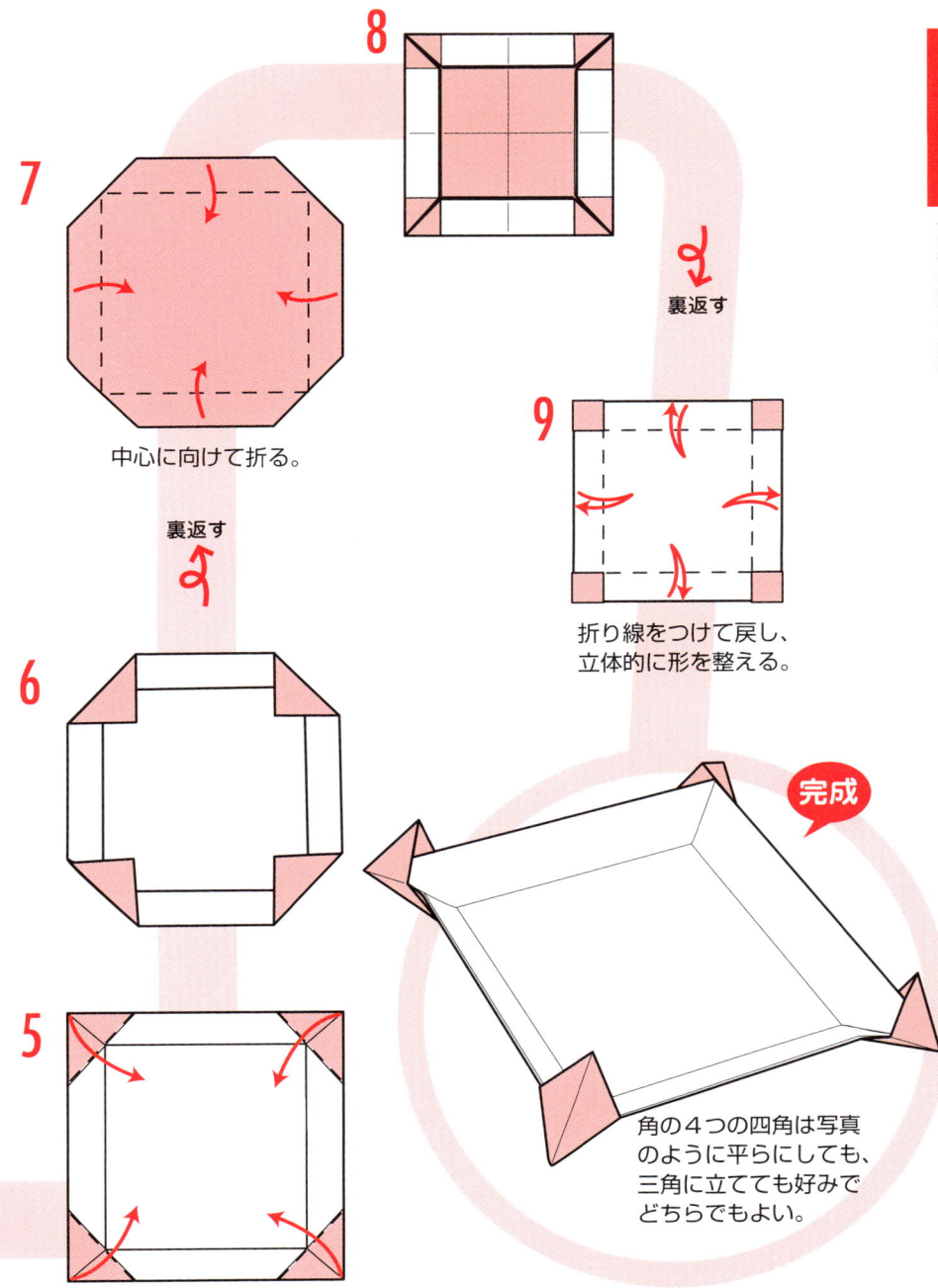

7

中心に向けて折る。

裏返す

9

折り線をつけて戻し、立体的に形を整える。

裏返す

6

完成

5

角を中心に向けて折る。

角の4つの四角は写真のように平らにしても、三角に立てても好みでどちらでもよい。

PART **1** 食卓を彩る小物

63

扇の菓子皿

扇をイメージした菓子皿です。和風のデザインに合わせていろいろな和菓子を乗せて、おもてなしをしましょう。

用紙サイズ 標準サイズ①（A4）

難易度 ★

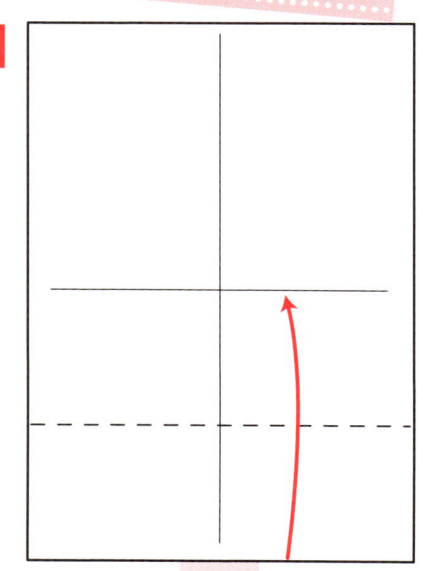

1 中心線をつけてから折り始める。

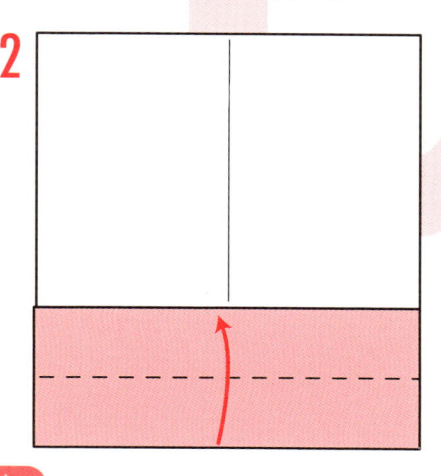

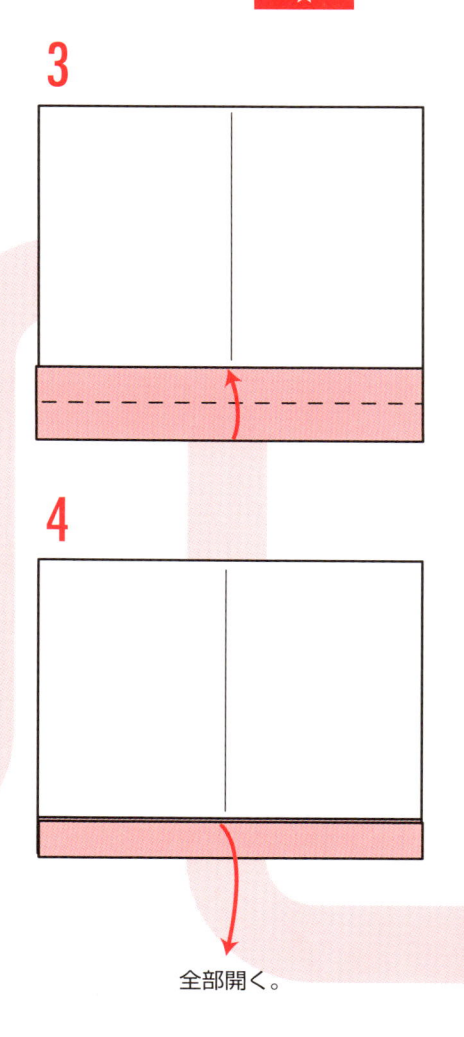

2

3

4 全部開く。

7 折り線をつけて戻す。

8 中割り折り（35ページ）

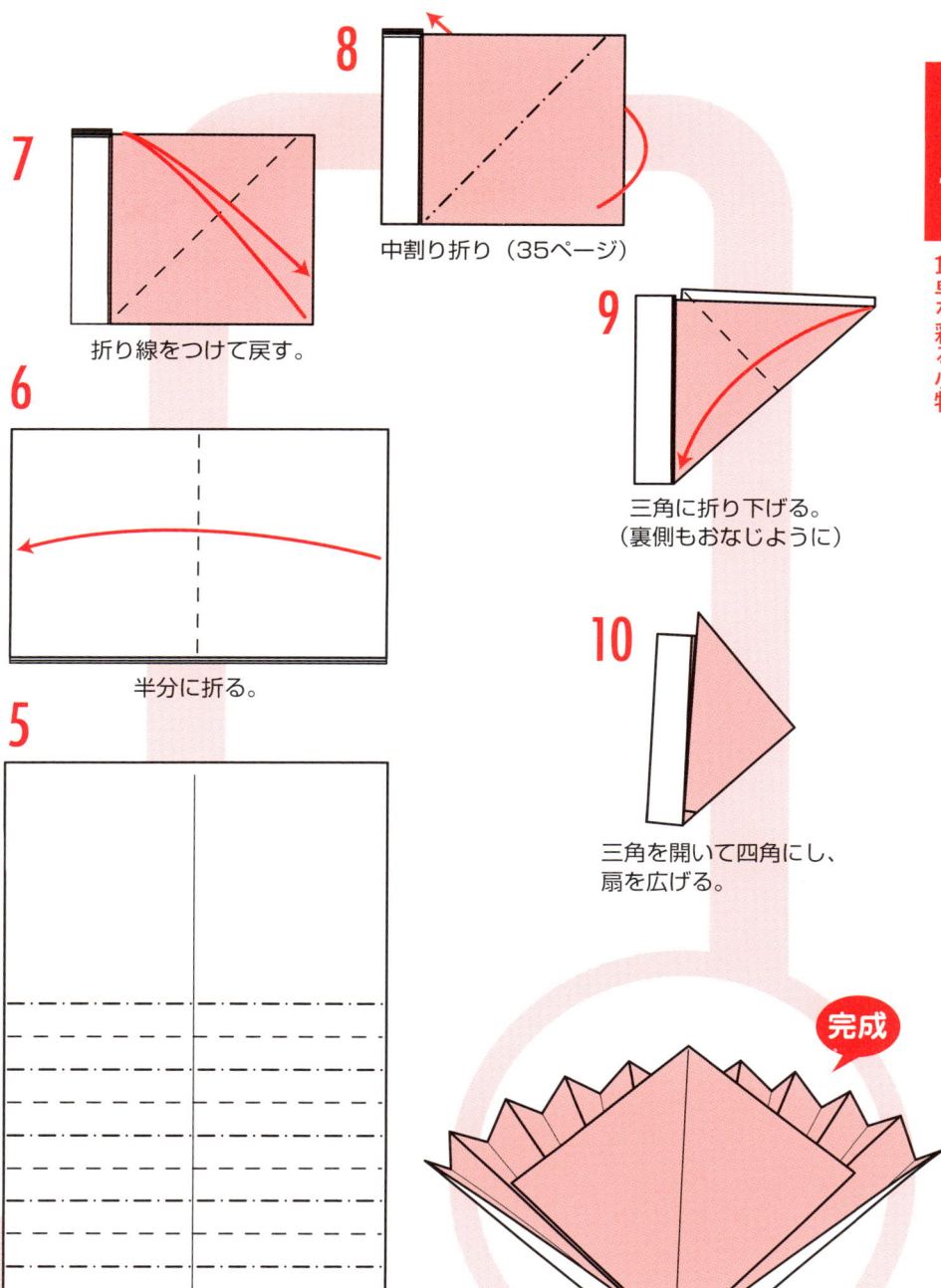

9 三角に折り下げる。
（裏側もおなじように）

6 半分に折る。

10 三角を開いて四角にし、扇を広げる。

5 下から山折り、谷折りの順で蛇腹折り。
中心線の上にもう一度山折りをする。

完成

PART 1 食卓を彩る小物

楊枝入れ

折り鶴の折り方を発展させた楊枝入れです。割り箸入れ（69ページ）とセットで作っておきたい一品です。

用紙サイズ　標準サイズ①（A4）の $\frac{1}{4}$ より正方形

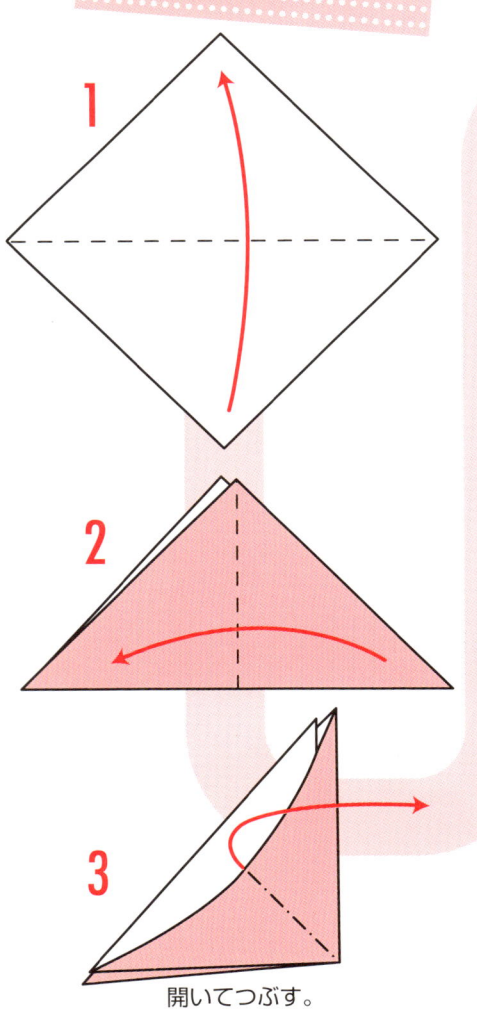

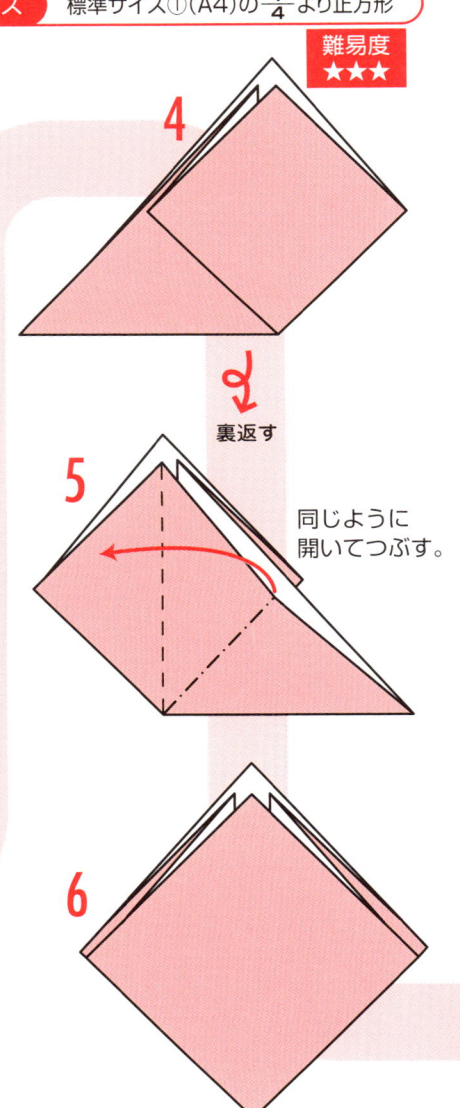

難易度 ★★★

1

2

3
開いてつぶす。

4

裏返す

5
同じように開いてつぶす。

6

10

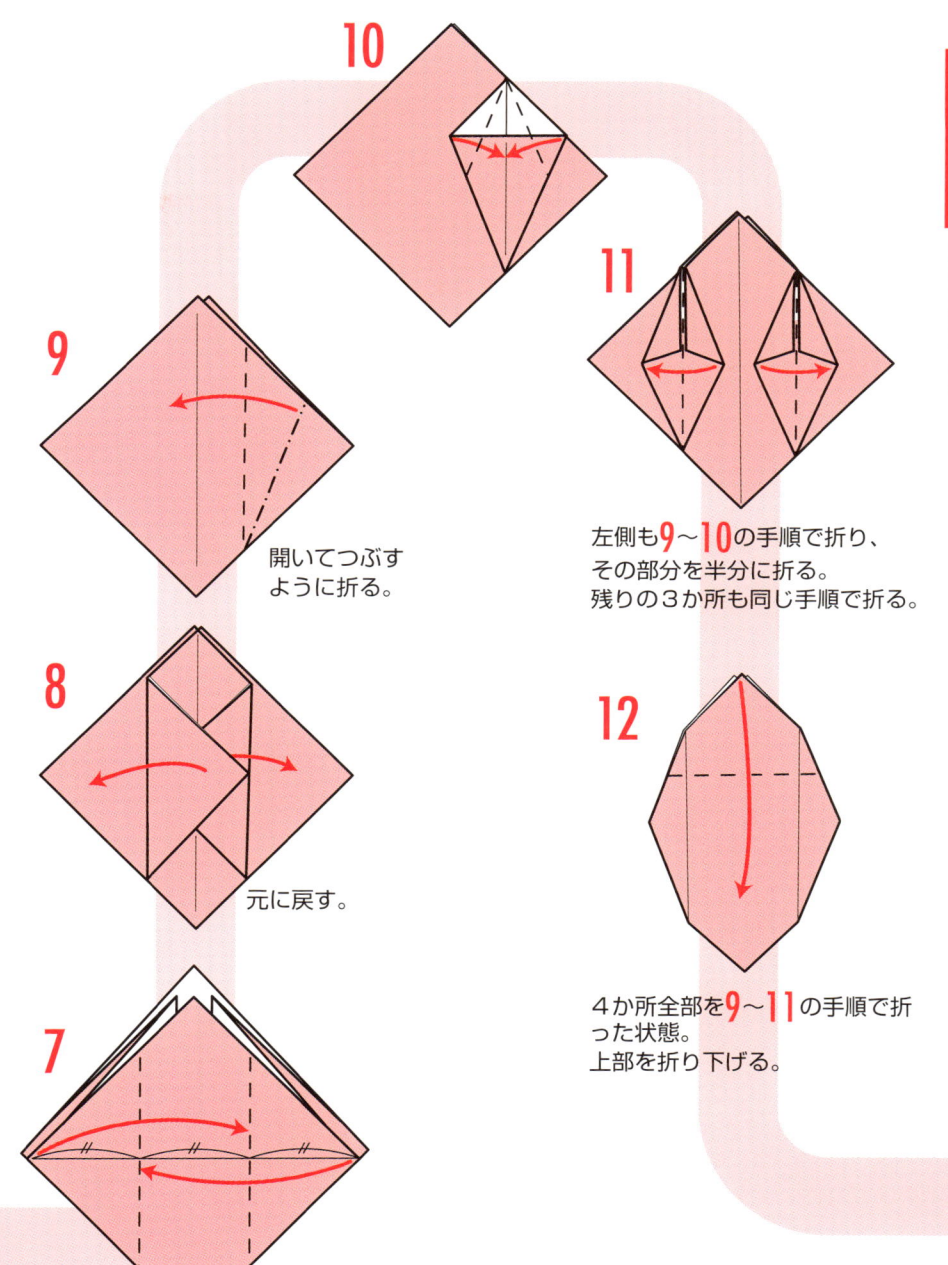

11

左側も 9～10 の手順で折り、
その部分を半分に折る。
残りの3か所も同じ手順で折る。

9

開いてつぶす
ように折る。

12

4か所全部を 9～11 の手順で折
った状態。
上部を折り下げる。

8

元に戻す。

7

3等分になるように折る。

PART 1 食卓を彩る小物

67

15
裏側に折る。

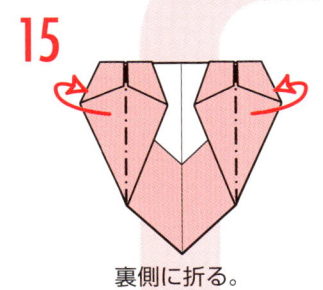

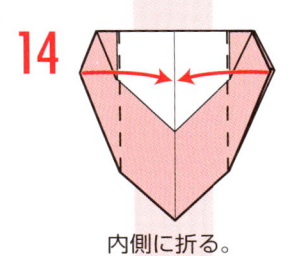

16
裏側も14〜15の手順で折る。

14
内側に折る。

17
底の部分を折り、開いて底の部分を四角にして立体的にする。

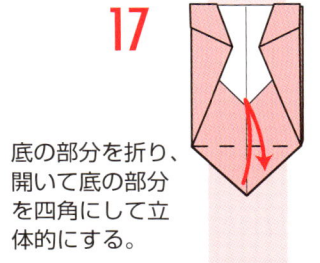

13
残りの3か所も同じように折る。

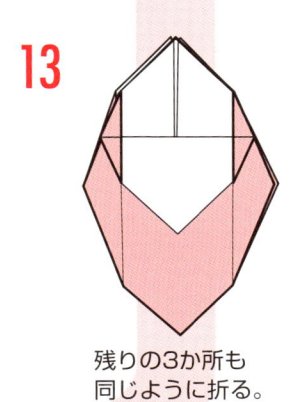

完成

68

割り箸入れ

割り箸の整理に最適な割り箸入れです。おそば屋さんのように袋から出した状態で割り箸を積み上げても面白いですね。

用紙サイズ 標準サイズ②（B4）

難易度 ★★★

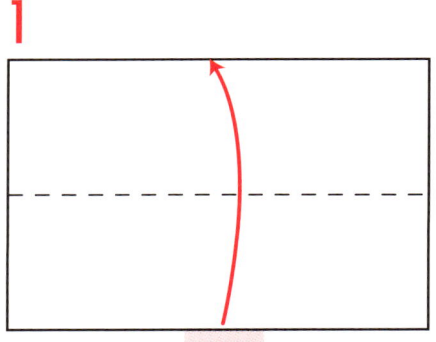

PART 1 食卓を彩る小物

1
半分に折り上げる。

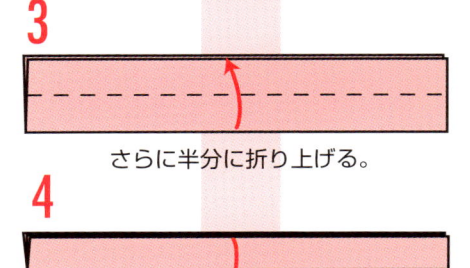

2
半分に折り上げる。

3
さらに半分に折り上げる。

4
全部広げる。

5
折り線に合わせて折る。

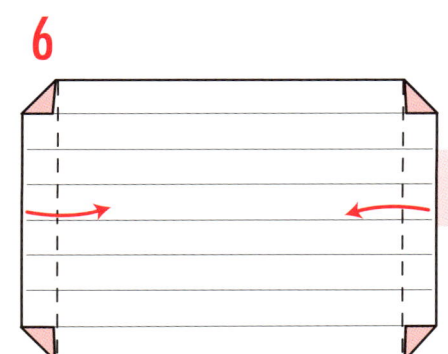

6
角の三角の幅で折る。

7
裏側に折る。

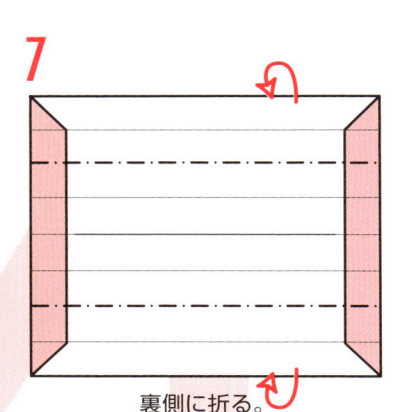

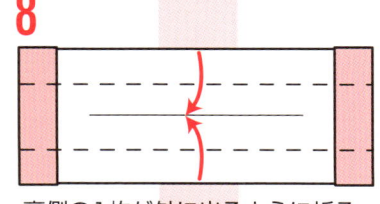

8
裏側の1枚が外に出るように折る。

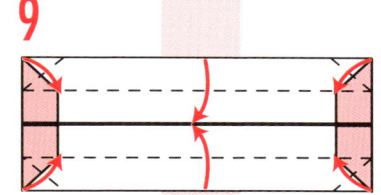

9
4つの角を折ってから半分に折る。

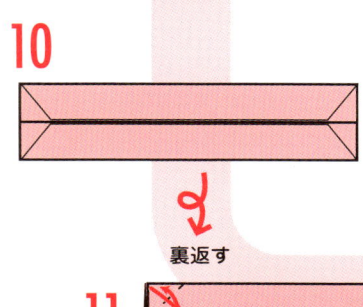

10
裏返す

11
折り線をつけて戻す。

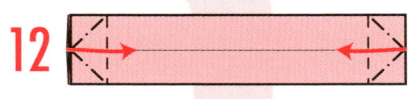

12
矢印の方向に引き上げてつぶす。

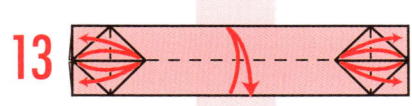

13
折り線をつけて戻し、中心にも折り線をつけて戻す。

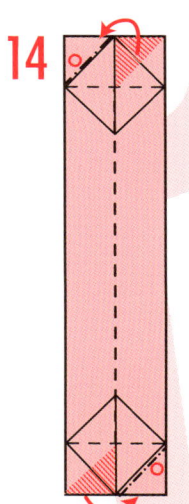

14
中央の谷折り線を合わせるようにしながら、○の裏側にある三角の袋の中に斜線の部分を完全に差し込む。

差し込んだ三角の部分を山折り線に従って裏側に折る。

反対側も同じ手順で折る。

完成

裏側の底の部分を倒れないように少し左右に引き出す。

箸置き

4種類のユニークな箸置きです。箸に合わせて使い分けてみましょう。

扇の箸置きは扇の菓子皿（60ページ）と共通の折り方です。

用紙サイズ　（全て共通）標準サイズ①（A4）の $\frac{1}{8}$

難易度 ★★

鳥の箸置き

1 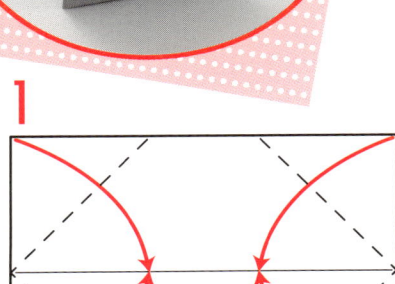 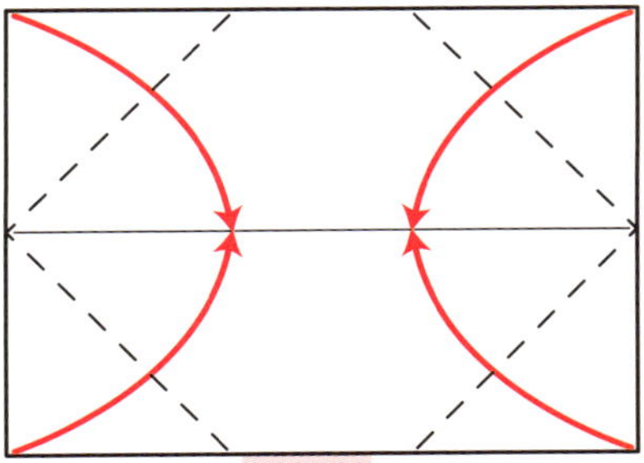 中心線をつけて折る。

2 半分に折り上げる。

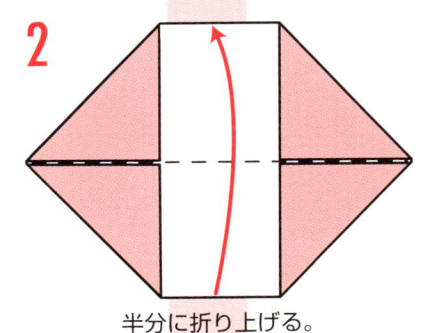

3 折り線をつけて戻す。

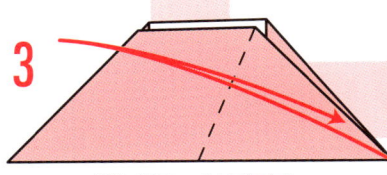

4 前につけた折り線で中割り折り。（35ページ）

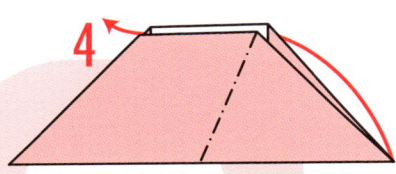

5 山折りで内側に折る。（裏側も同じように）

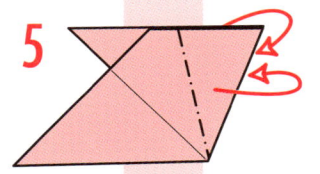

6 かぶせ折り（35ページ）

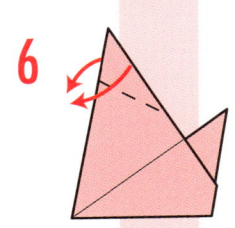

完成

PART 1　食卓を彩る小物

蛇腹の箸置き

1 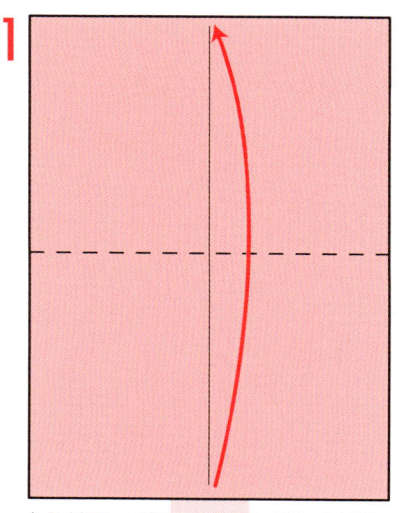 中心線をつけて、半分に折り上げる。

2 半分に折り上げる。

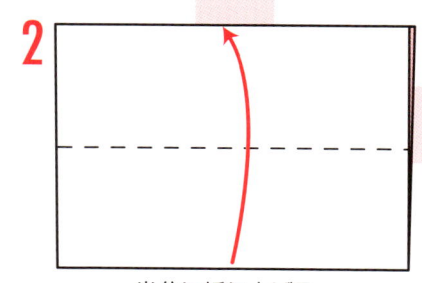

3 さらに半分に折り上げる。

4 全部広げる。

5 山折り、谷折りの順に折りたたむ。

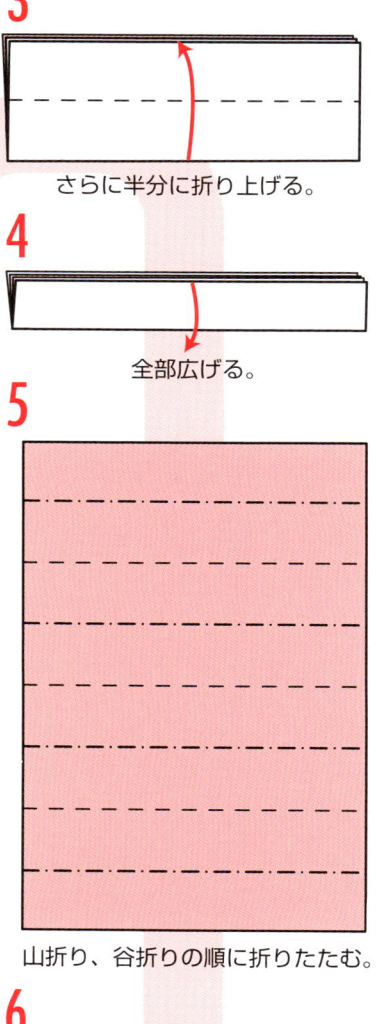

6 両方の角に折り線をつけて戻す。残りの部分も同じように折る。

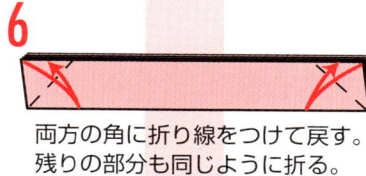

7 6でつけた折り線を中割り折りする。（35ページ）

11

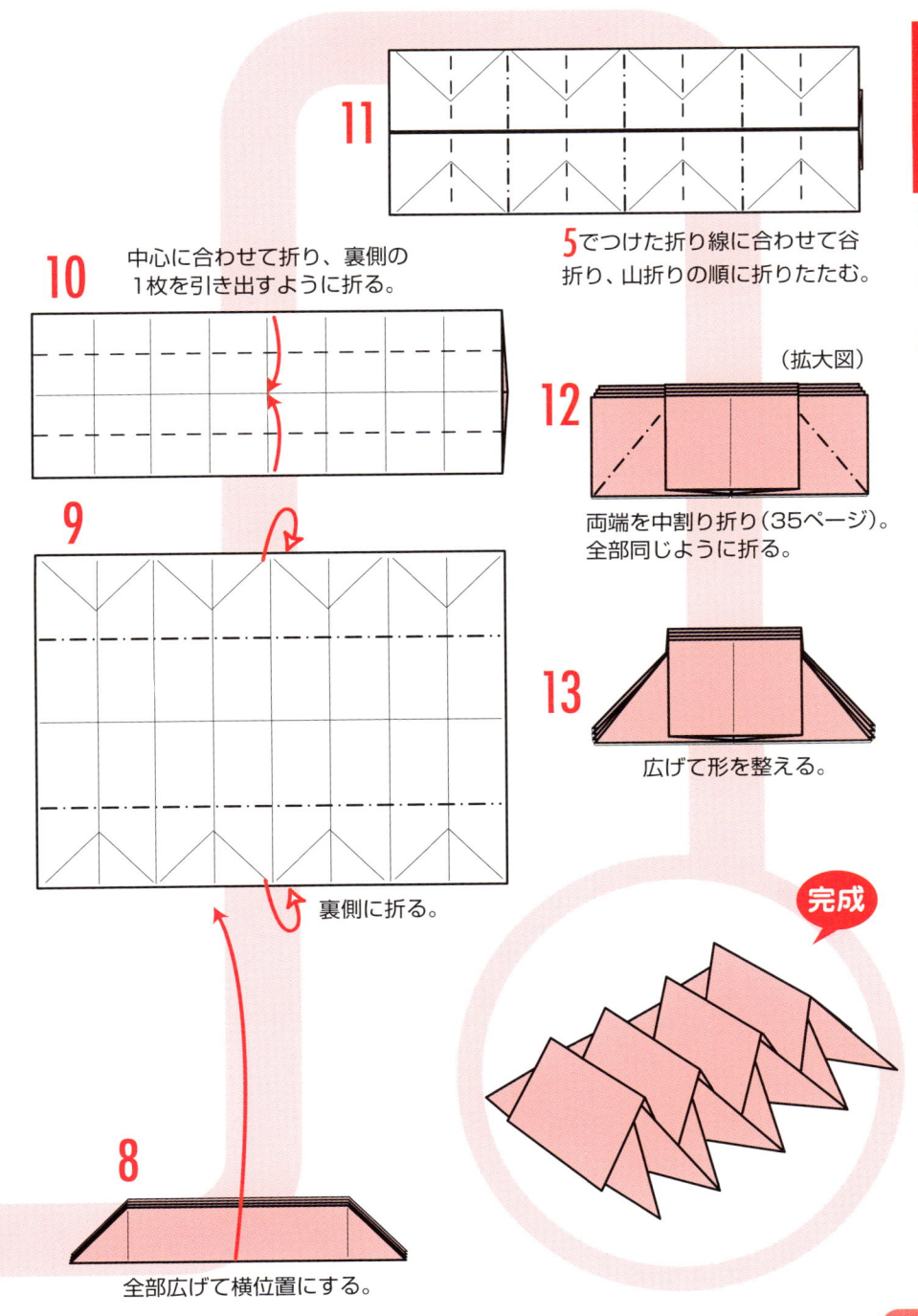

5でつけた折り線に合わせて谷折り、山折りの順に折りたたむ。

10

中心に合わせて折り、裏側の1枚を引き出すように折る。

12 （拡大図）

両端を中割り折り（35ページ）。全部同じように折る。

9

13

広げて形を整える。

裏側に折る。

完成

8

全部広げて横位置にする。

PART 1 食卓を彩る小物

73

菱形の箸置き

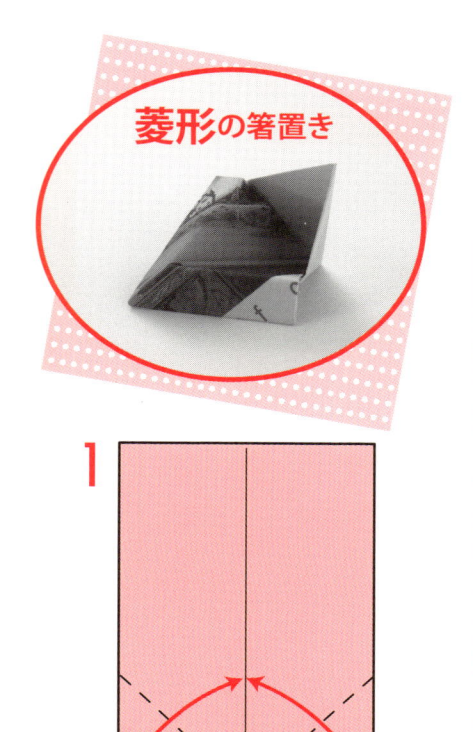

1

2 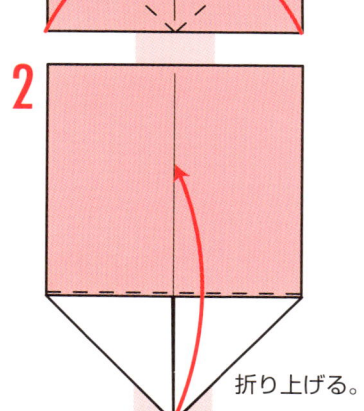 折り上げる。

3

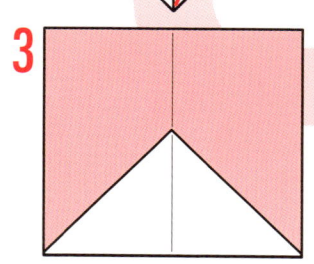

4 中心に向かって折る。

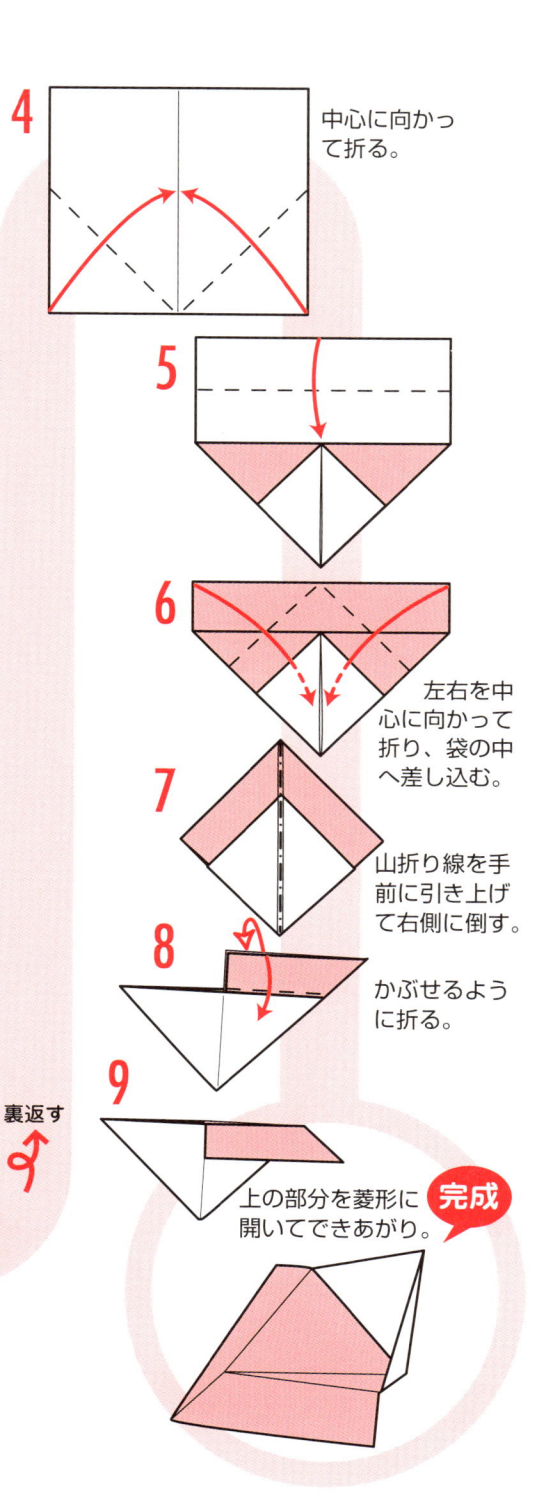

5

6 左右を中心に向かって折り、袋の中へ差し込む。

7 山折り線を手前に引き上げて右側に倒す。

8 かぶせるように折る。

9 上の部分を菱形に開いてできあがり。 **完成**

裏返す

PART 2
暮らしに役立つ小物

- フォトフレーム
- 卓上カレンダー
- レターホルダー
- 小物入れ
- ペン立て
- メモスタンド
- ロッキングメモホルダー
- CD・文庫本ケース
- ティッシュケース
- 小銭入れ
- 一輪挿し
- 壺
- ブックカバー
- しおり（しおり・鶴のしおり・正方形のしおり）
- ホウキ
- チリ取り
- チューリップのゴミ箱
- 日よけ帽子
- かぶとの日よけ帽子

フォトフレーム

お好みの写真を入れて飾れるフォトフレームです。写真に合わせた柄のチラシを使用すると、見た目にも素敵です。

用紙サイズ 標準サイズ①（A4）より正方形

難易度 ★★

1
折り線をつけて戻す。

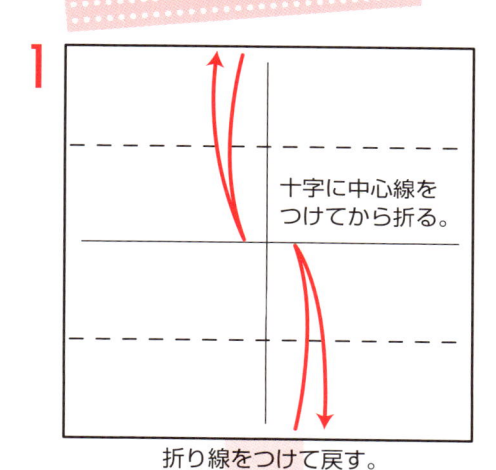

十字に中心線をつけてから折る。

2
4つの角を折る。

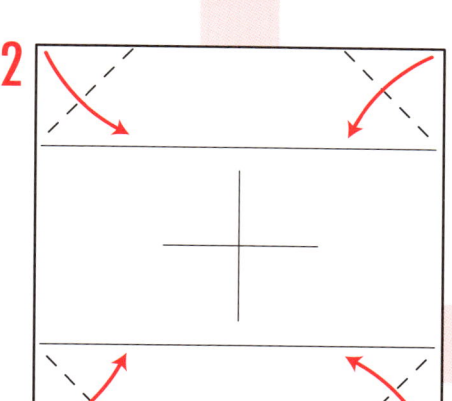

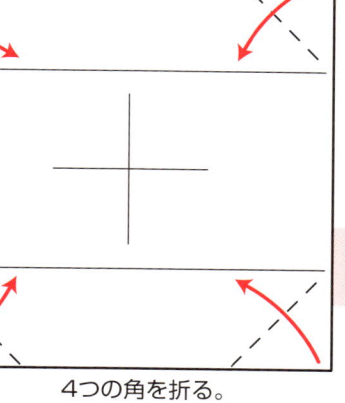

3
中心に折る。

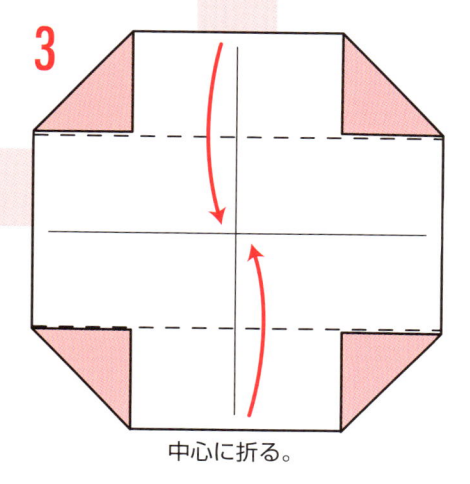

4
裏返す

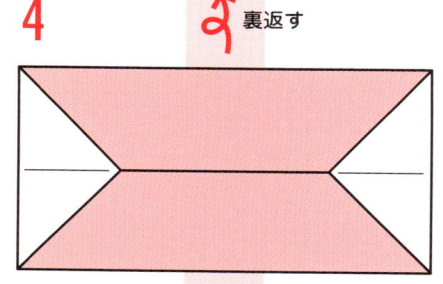

5
折り線をつけて戻す。

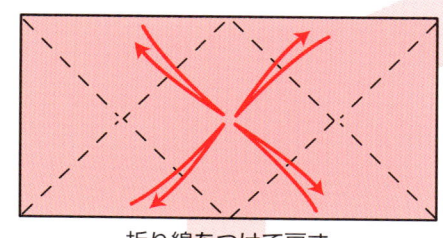

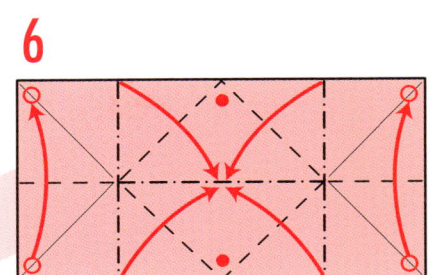

6
真ん中の正方形を中心に折る。
●と●は裏側で合わせる。

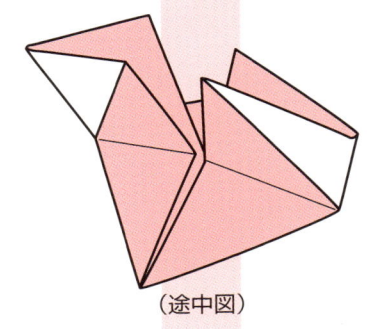

7
（途中図）

8
2枚あわせて
裏側に折る。

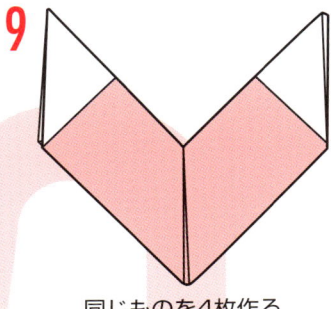

9
同じものを4枚作る。

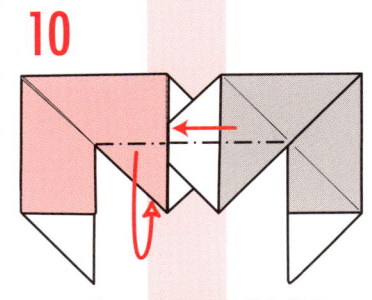

10
一度開いた状態で差し込み、
差し込んだら裏側に折る。

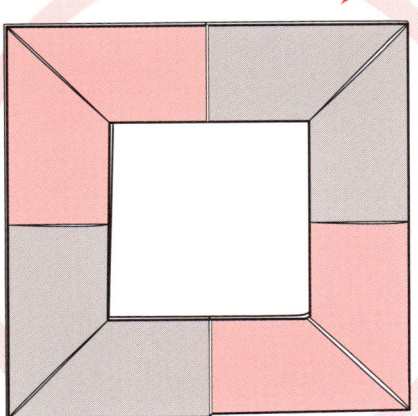

完成

PART 2 暮らしに役立つ小物

写真の入れ方

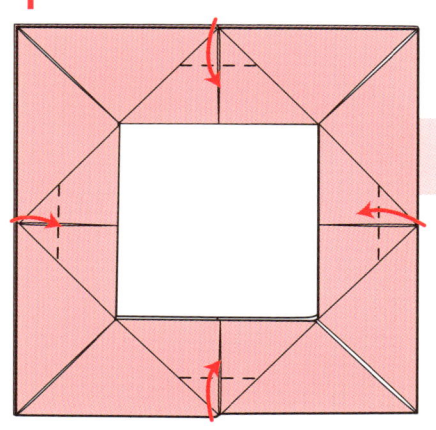

1

裏返して、4つの三角の部分を谷折りする。

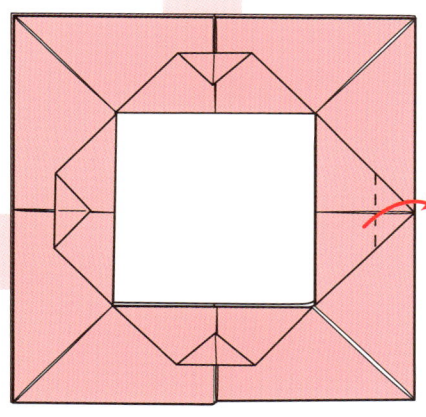

2

4つの三角のうち1つを元に戻す。

3

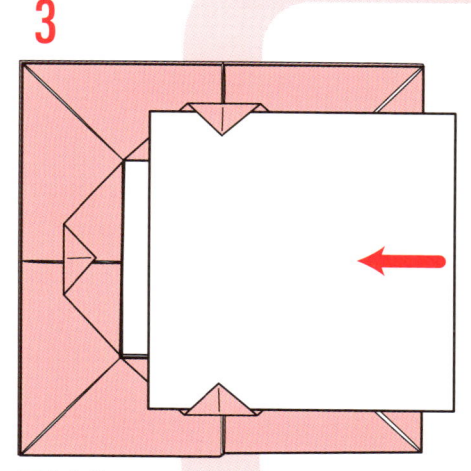

写真を差し入れる。

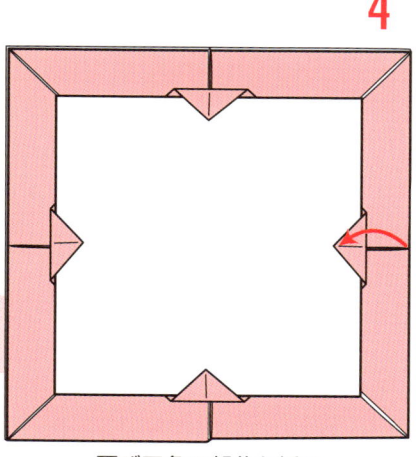

4

再び三角の部分を折る。

卓上カレンダー

場所をとらないコンパクトな卓上カレンダーです。小さいカレンダーを切り抜いて挿せば、ミニ卓上カレンダーの完成です。

用紙サイズ 標準サイズ①(A4)を縦に $\frac{1}{2}$

難易度 ★★

PART 2 暮らしに役立つ小物

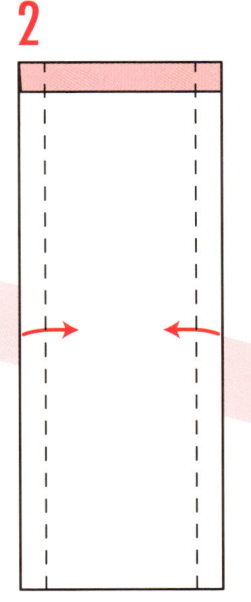

1 1.5cm幅で折る。

2 1.5cm幅で折る。
長く細い線を折る場合、定規を当てて目打で紙が切れない程度に線を引くとよい。

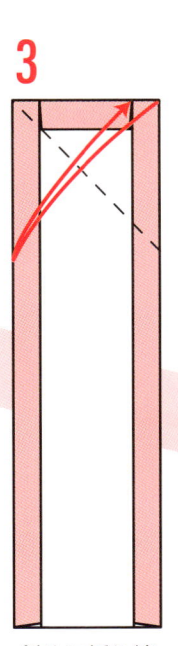

3 斜めに折り線をつけて戻す。

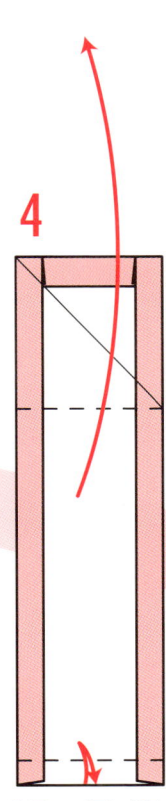

4 1.5cm幅に折り線つけて戻し折り上げる。

5 1.5cm幅で折り下げる。

6

7 裏返す

折り線をつけて戻す。

8

（途中図）

完成

谷折り線の辺りを丸い筒状にしたまま折らずに斜線の部分を◯の裏側の間に差し込む。裏返して形を整える。

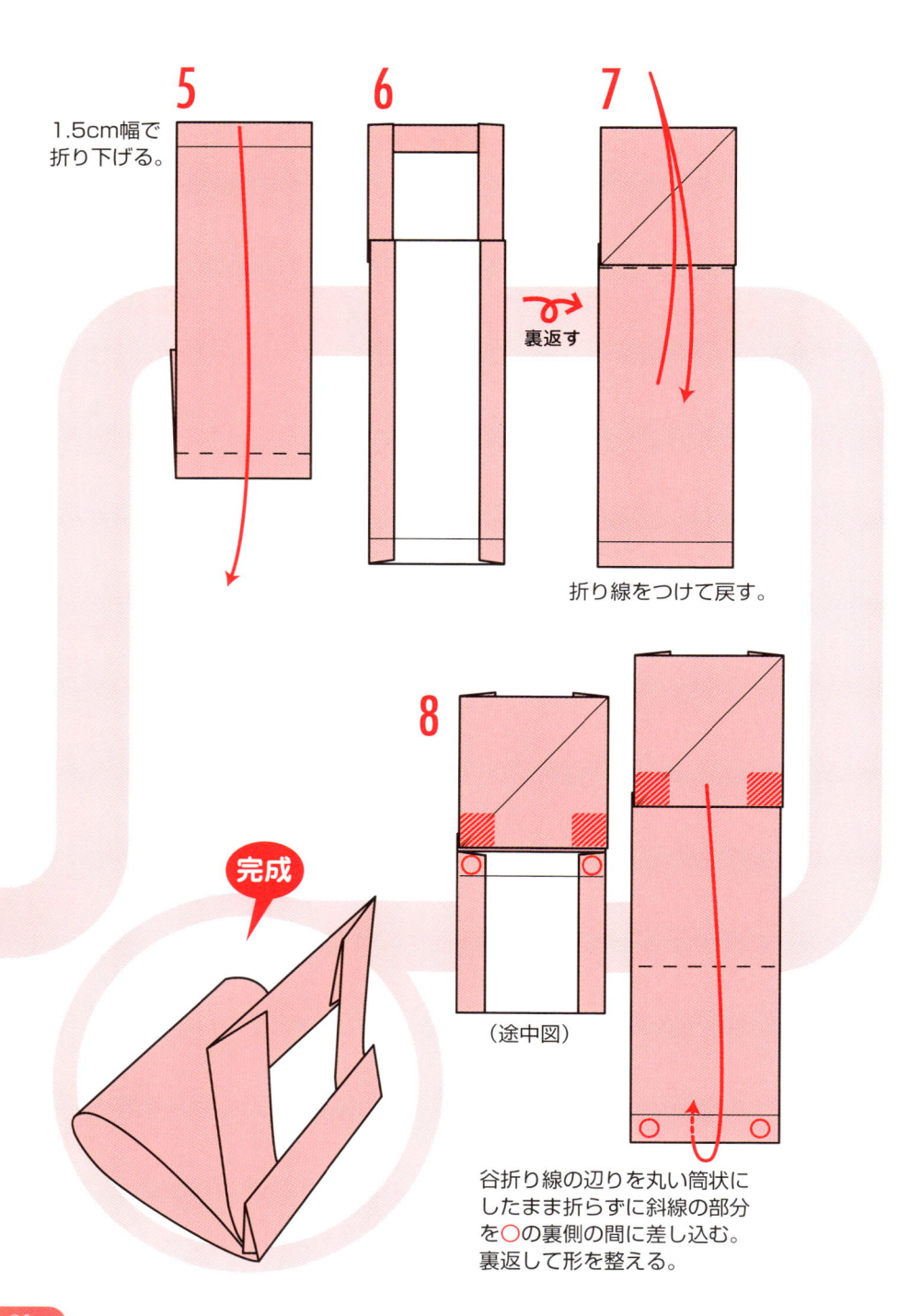

レターホルダー

三角柱のシンプルなレターホルダーです。固めの紙で作れば、たくさんの封筒や手紙を入れておくことができます。

用紙サイズ B3サイズ(364mm×515mm)

難易度 ★

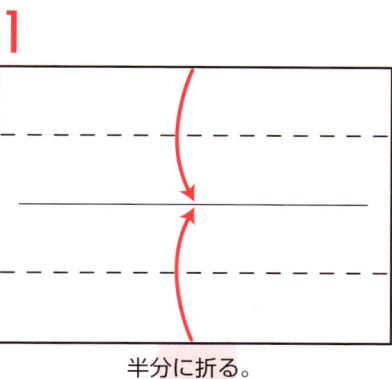

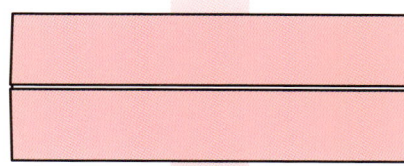

PART 2 暮らしに役立つ小物

1 半分に折る。

2

裏返す

3 半分に折り線をつけて戻す。

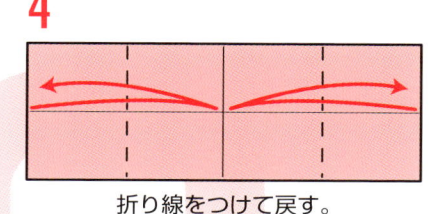

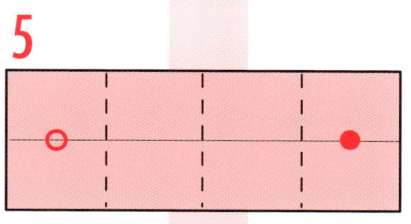

4 折り線をつけて戻す。

5 谷折り線に合わせて○の裏側の袋部分に●の部分を差し込み、三角柱を作る。

完成

81

小物入れ

3つの箱を組み合わせた小物入れです。仕切りがあるので、それぞれに違う小物を入れておけます。

用紙サイズ 標準サイズ①（A4）

難易度 ★★

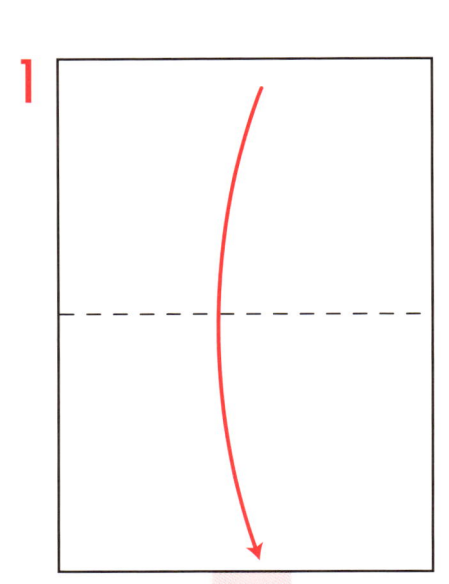

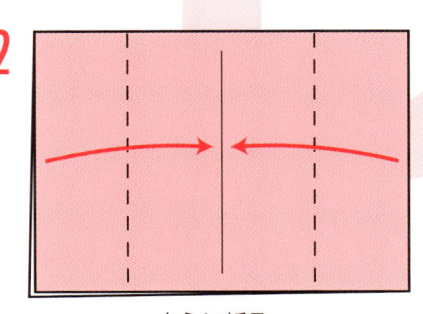

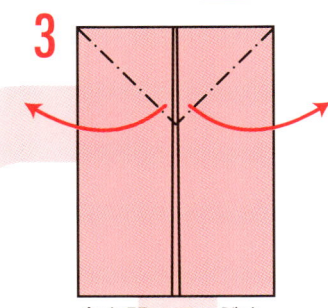

1 半分に折る。

2 中心に折る。

3 角を開いてつぶす。

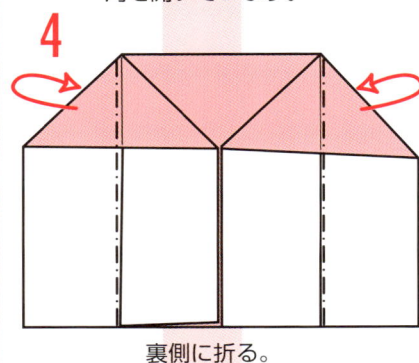

4 裏側に折る。

5 折り上げる。

8 上下を反転する。

9 上部を開いて広げ、四角につぶして菱形の箱形にする。同じものを3つ作る。

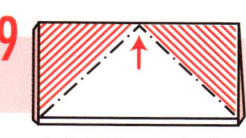

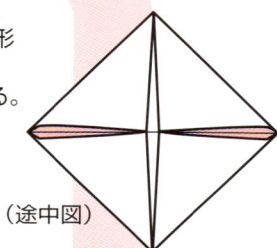

（途中図）

7 裏側も **5**～**6** の手順で折る。

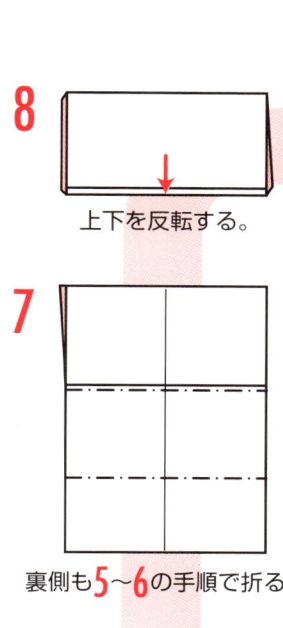

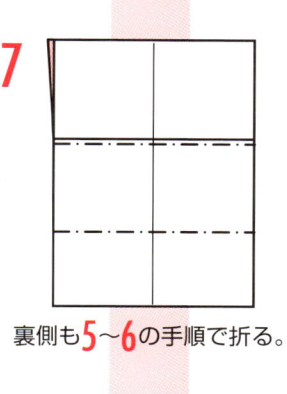

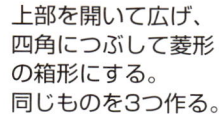

10 斜線の部分にのりをつけて、3つの箱を三角形に組み合わせる。

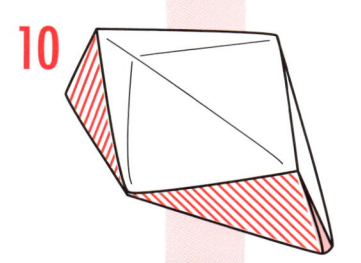

6 裏側に折って、**5**の○の内側に差し込む。

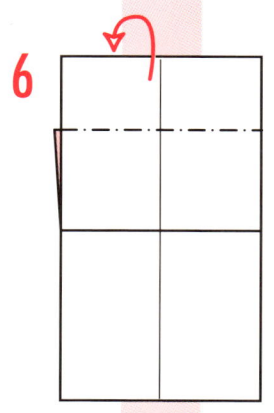

完成

PART **2** 暮らしに役立つ小物

83

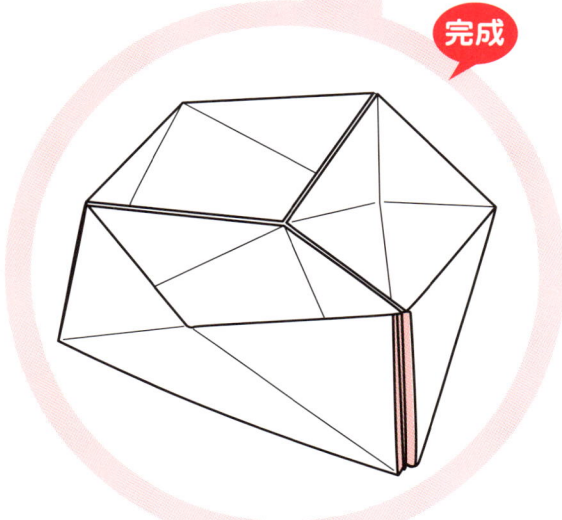

ペン立て

6つの容器を組み合わせたペン立てです。鉛筆、ボールペン、文房具…デスクの上で使う道具の整理に、ぜひ作りたい一品です。

用紙サイズ 標準サイズ①（A4）

難易度 ★★

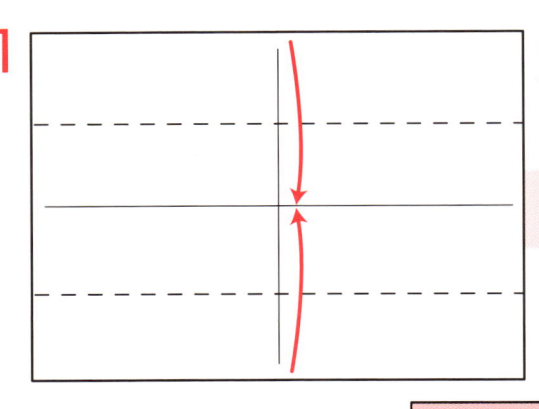

1 中心線をつけてから半分に折る。

2 裏返す

3 折り線をつけて戻す。

4 折り線をつけて戻す。

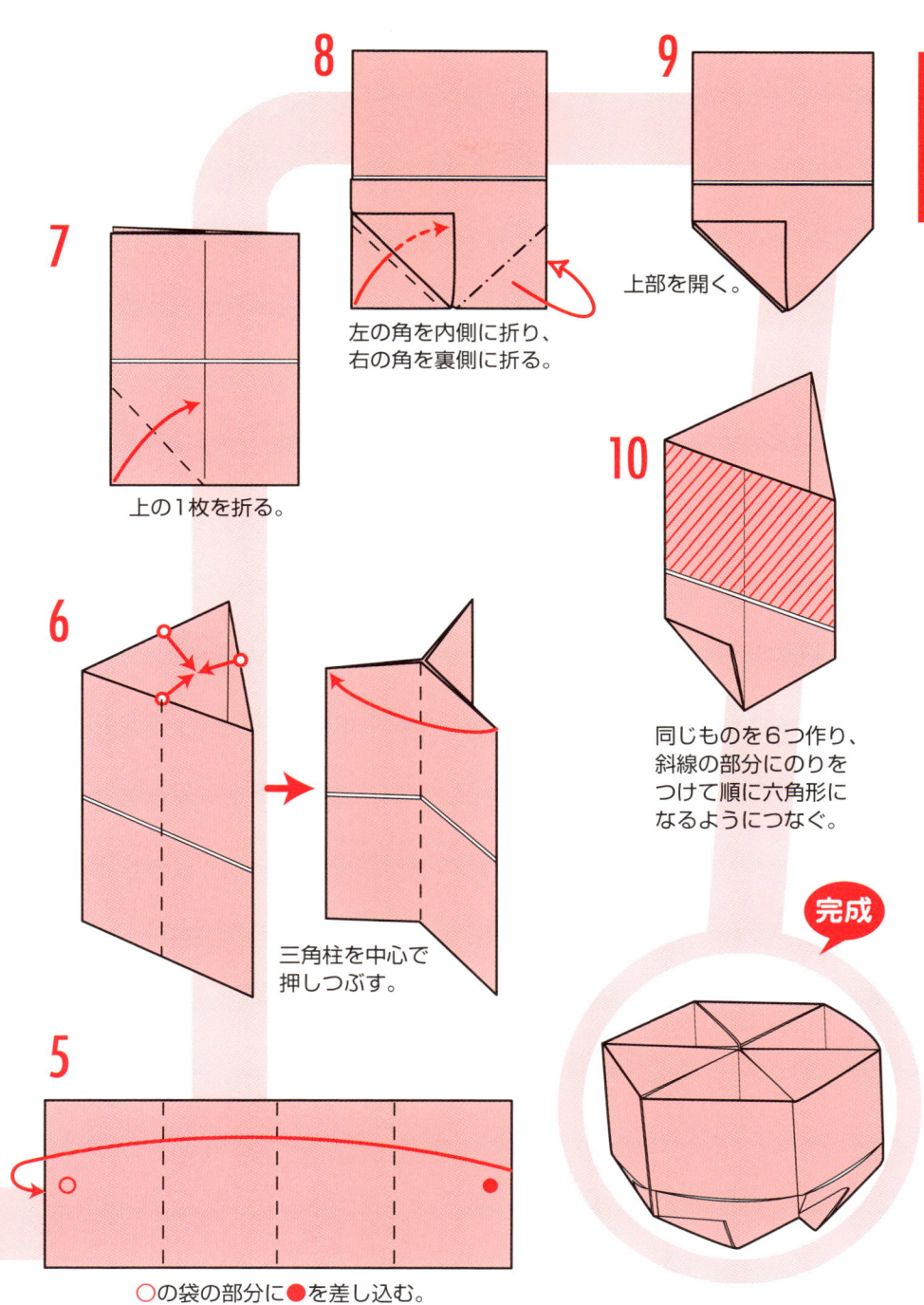

8 左の角を内側に折り、右の角を裏側に折る。

9 上部を開く。

7 上の1枚を折る。

10 同じものを6つ作り、斜線の部分にのりをつけて順に六角形になるようにつなぐ。

6 三角柱を中心で押しつぶす。

5 ○の袋の部分に●を差し込む。

完成

PART **2** 暮らしに役立つ小物

85

メモスタンド

メモ書きを立てておけるメモスタンドです。よく使うメモ用紙のサイズに合わせて用紙サイズを変えるとよいでしょう。

用紙サイズ　標準サイズ①（A4）

難易度 ★

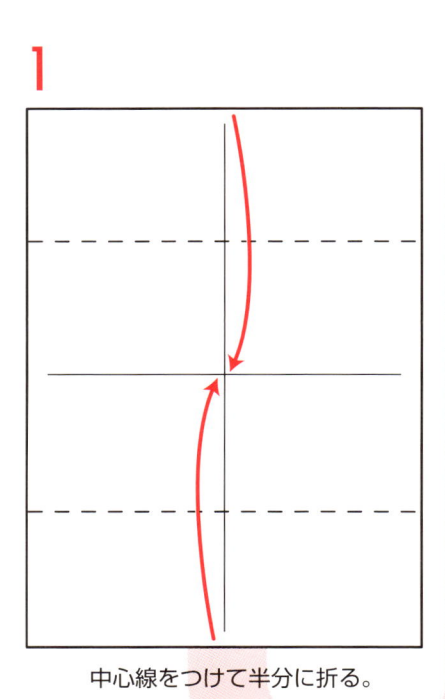

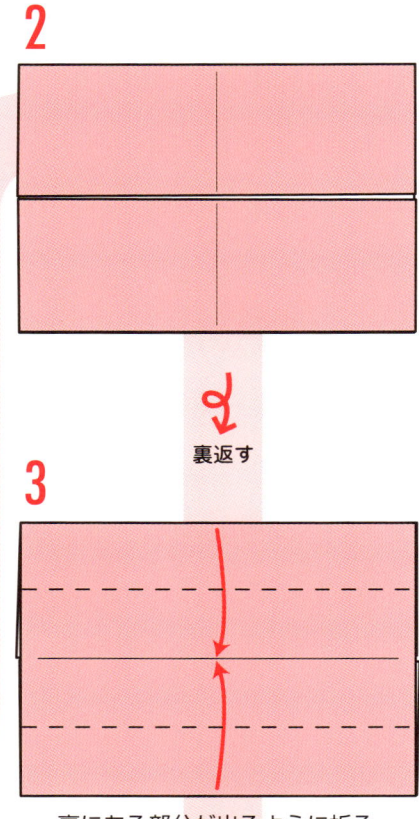

1 中心線をつけて半分に折る。

2

裏返す

3 裏にある部分が出るように折る。

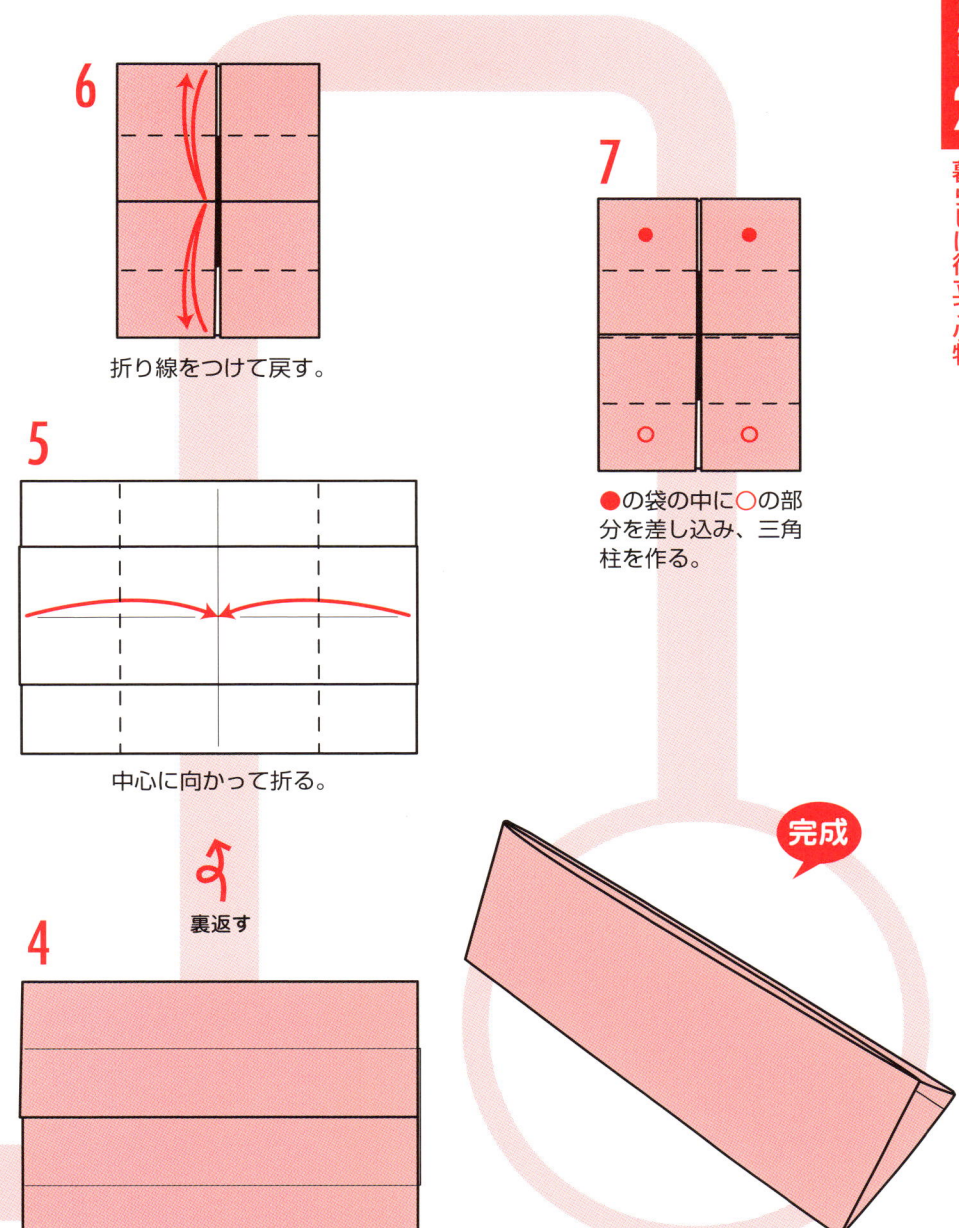

6 折り線をつけて戻す。

5 中心に向かって折る。

裏返す

4

7 ●の袋の中に○の部分を差し込み、三角柱を作る。

完成

PART 2 暮らしに役立つ小物

ロッキング メモホルダー

両側にメモ用紙をストックできるメモホルダーです。弓形の部分をうまく整えるのがコツです。

用紙サイズ 標準サイズ①（A4）

難易度 ★

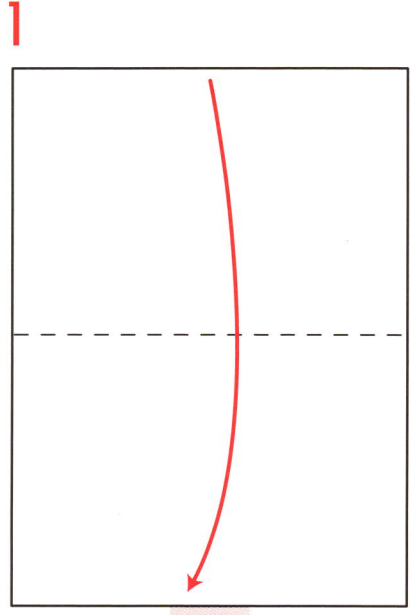

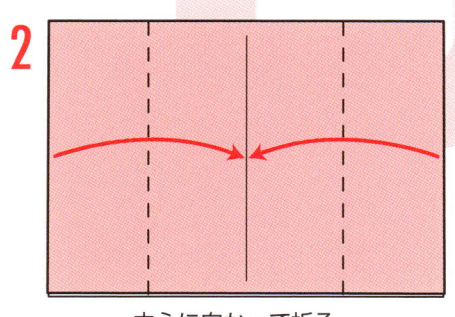

1
半分に折る。

2
中心に向かって折る。

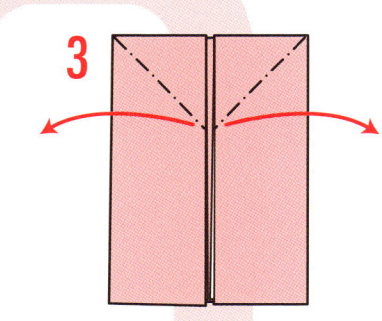

3
袋の部分を開いてつぶす。

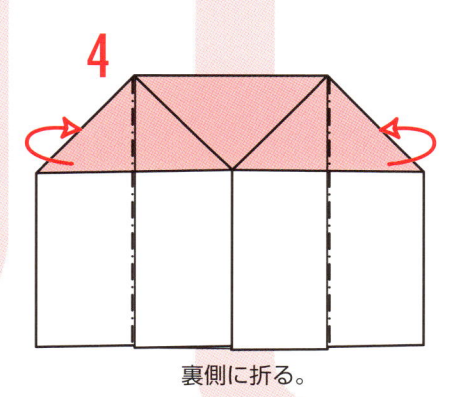

4
裏側に折る。

7

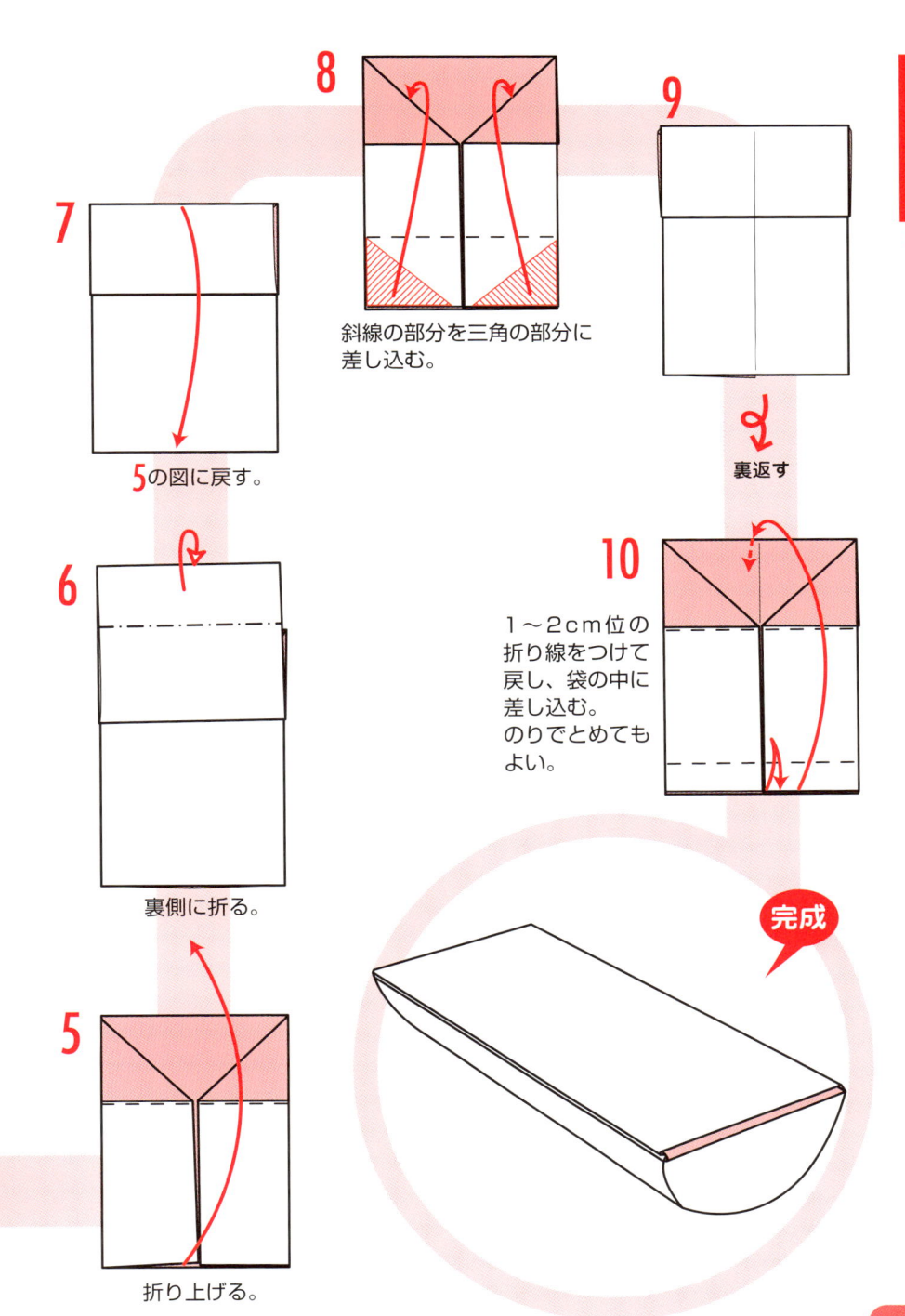

5の図に戻す。

8

斜線の部分を三角の部分に差し込む。

9

裏返す

6

裏側に折る。

10

1〜2cm位の折り線をつけて戻し、袋の中に差し込む。のりでとめてもよい。

5

折り上げる。

完成

PART 2 暮らしに役立つ小物

89

CD・文庫本ケース

CDや文庫本を整理できる便利なケースです。紙を重ねて折るか固い紙を使うと、丈夫で実用的なものが作れます。

用紙サイズ 標準サイズ②（B4）

難易度 ★★★

1 中心線をつけ、中心に折る。

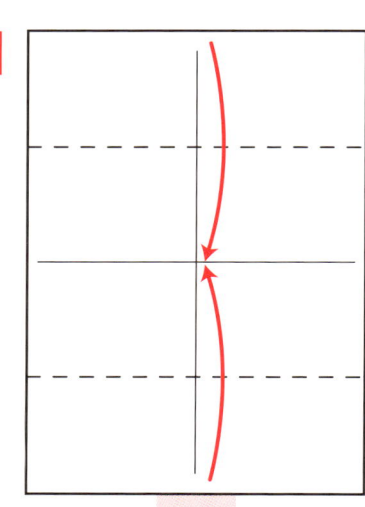

2 裏返す

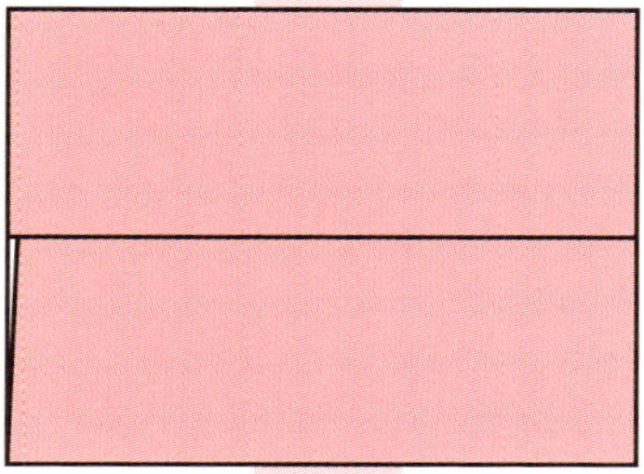

3 中心に折る。

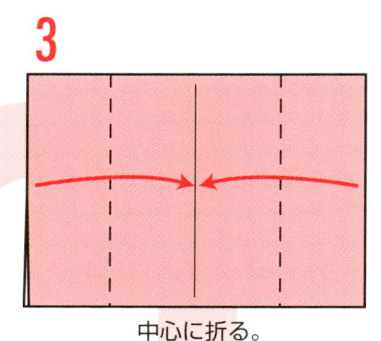

4 左右に開いてつぶす。

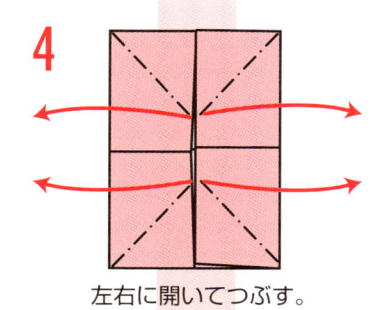

6-B

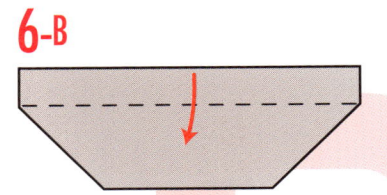

上の1枚だけ折り下げる。

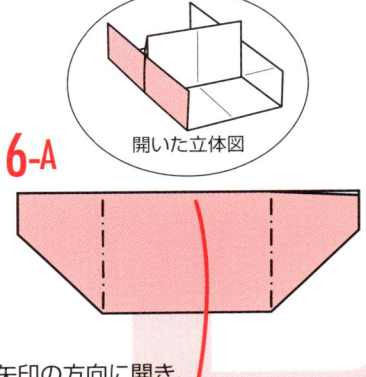

6-A

開いた立体図

矢印の方向に開き、
山折り線に沿って
箱型にする。
（裏側も同じように）

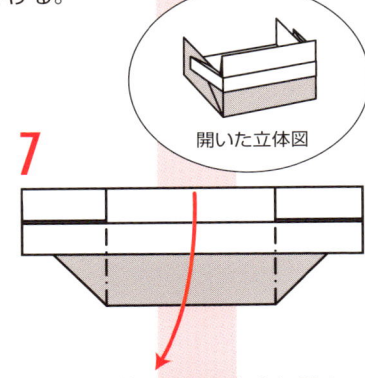

7

開いた立体図

2枚一緒に矢印の方向に開き、
裏側だけ箱型にする。
同じ物を2つ作る。

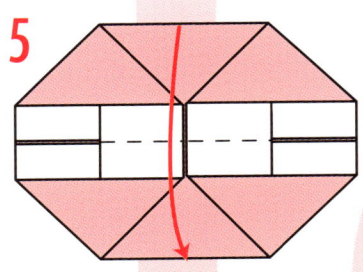

5

半分に折り下げる。

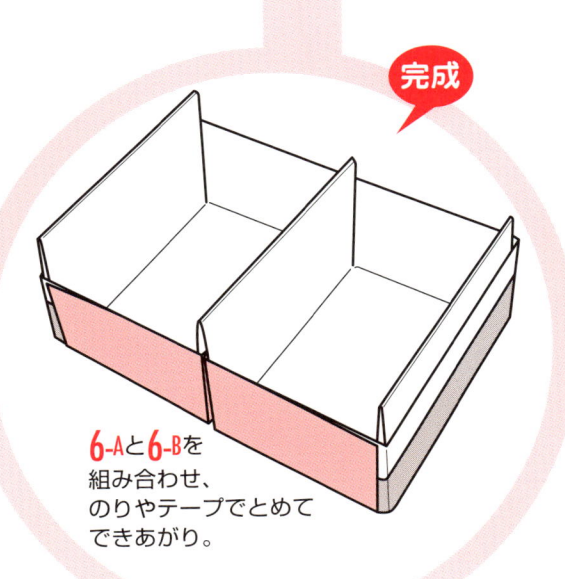

完成

6-Aと**6-B**を
組み合わせ、
のりやテープでとめて
できあがり。

PART 2 暮らしに役立つ小物

91

ティッシュケース

ポケットティッシュを入れておけるティッシュケースです。フタを開いて立てておけば箱ティッシュのように使えます。

用紙サイズ 標準サイズ①（A4）

難易度 ★★

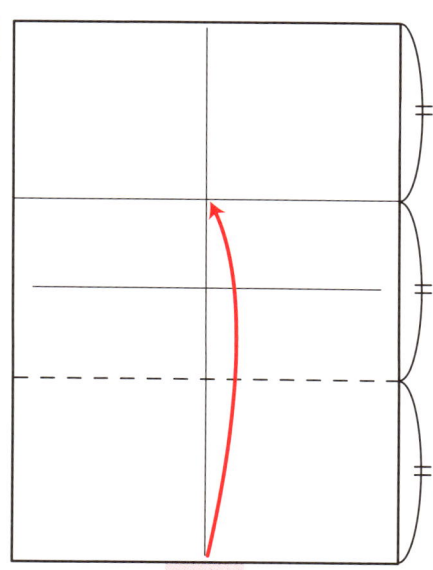

1 3等分の線に合わせて折り上げる。

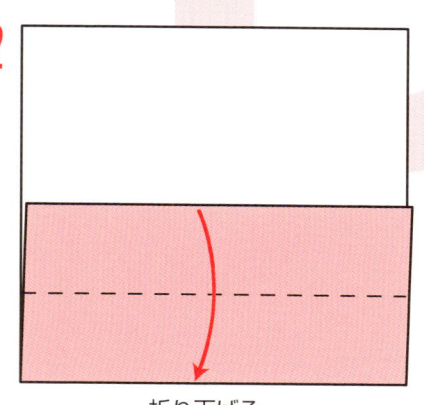

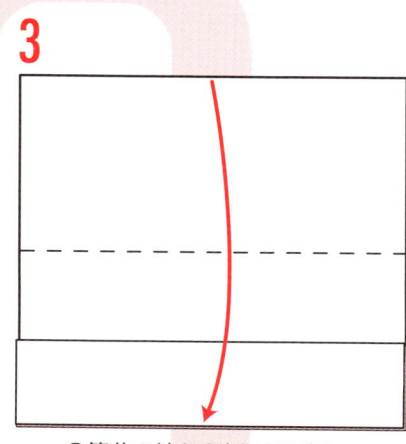

2 折り下げる。

3 3等分の線から折り下げる。

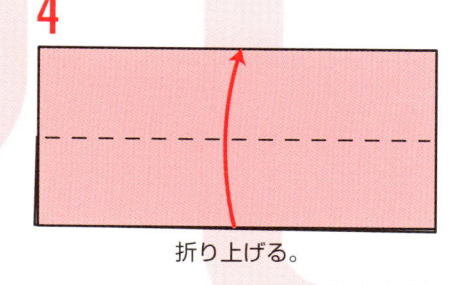

4 折り上げる。

7

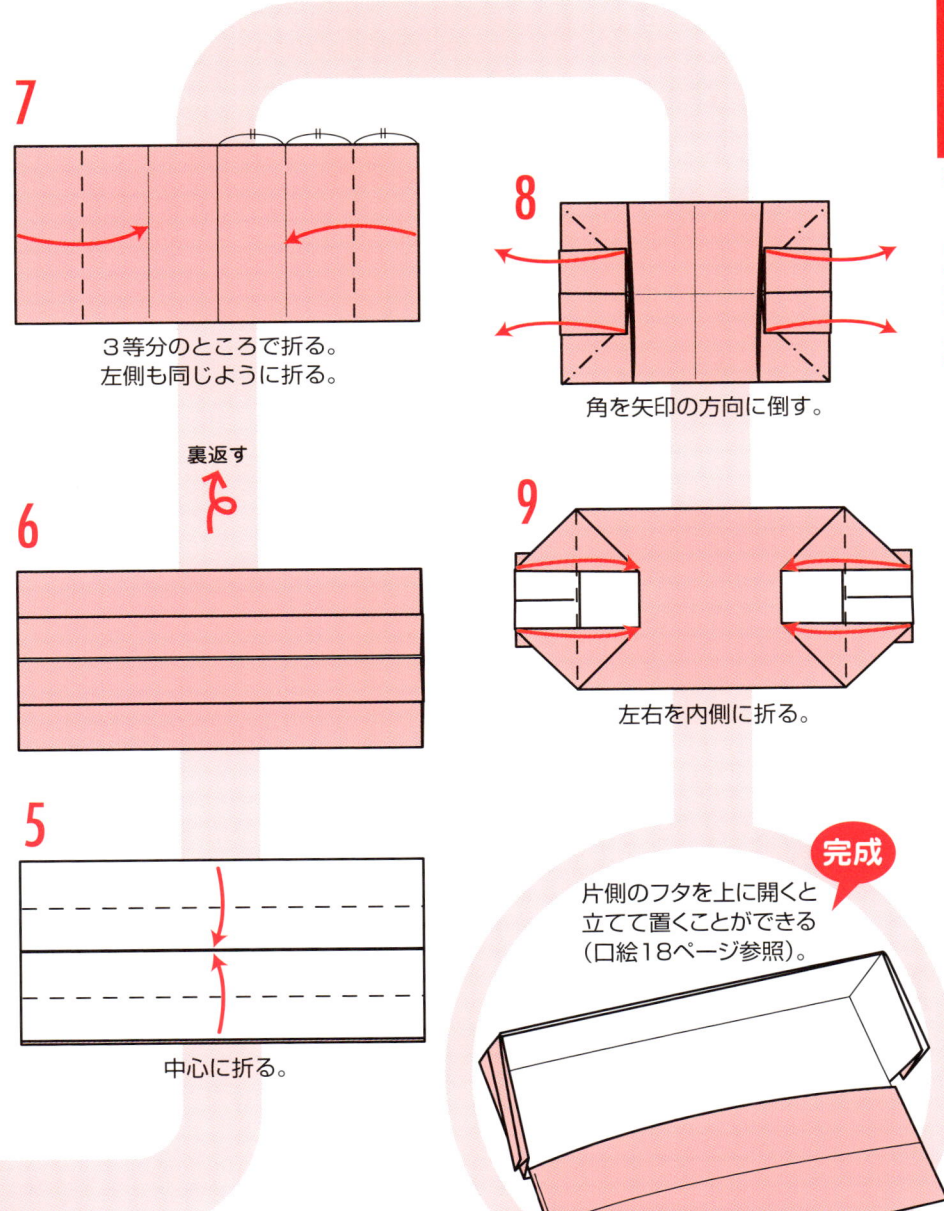

3等分のところで折る。
左側も同じように折る。

8

角を矢印の方向に倒す。

裏返す

6

9

左右を内側に折る。

5

中心に折る。

完成

片側のフタを上に開くと
立てて置くことができる
（口絵18ページ参照）。

PART 2 暮らしに役立つ小物

小銭入れ

ポケットサイズのコンパクトな小銭入れです。底の部分が斜めになっているので、小銭がサッと出しやすいのがポイントです。

用紙サイズ 標準サイズ①（A4）

難易度 ★★

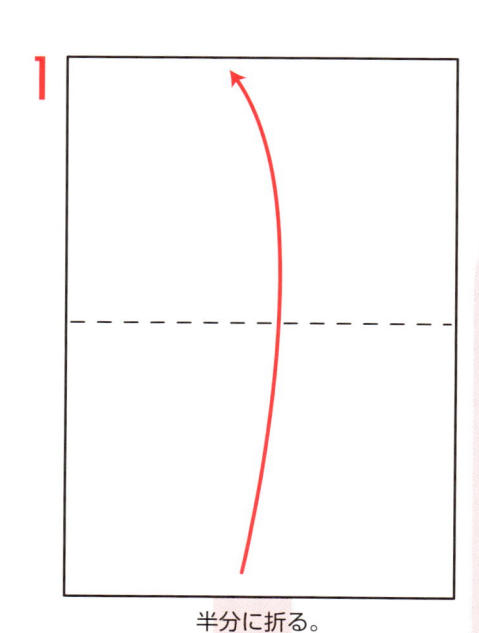

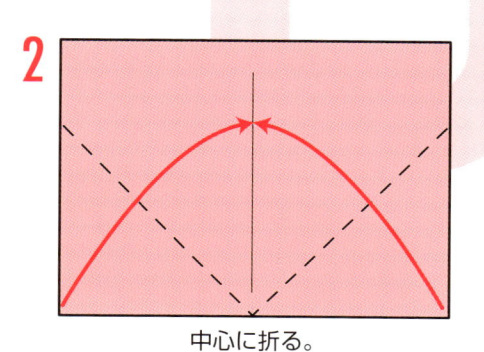

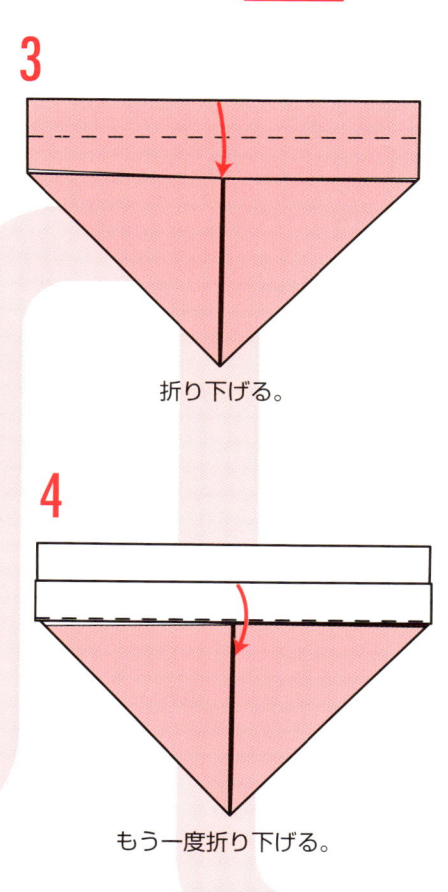

1 半分に折る。

2 中心に折る。

3 折り下げる。

4 もう一度折り下げる。

7 角を三角に折る。

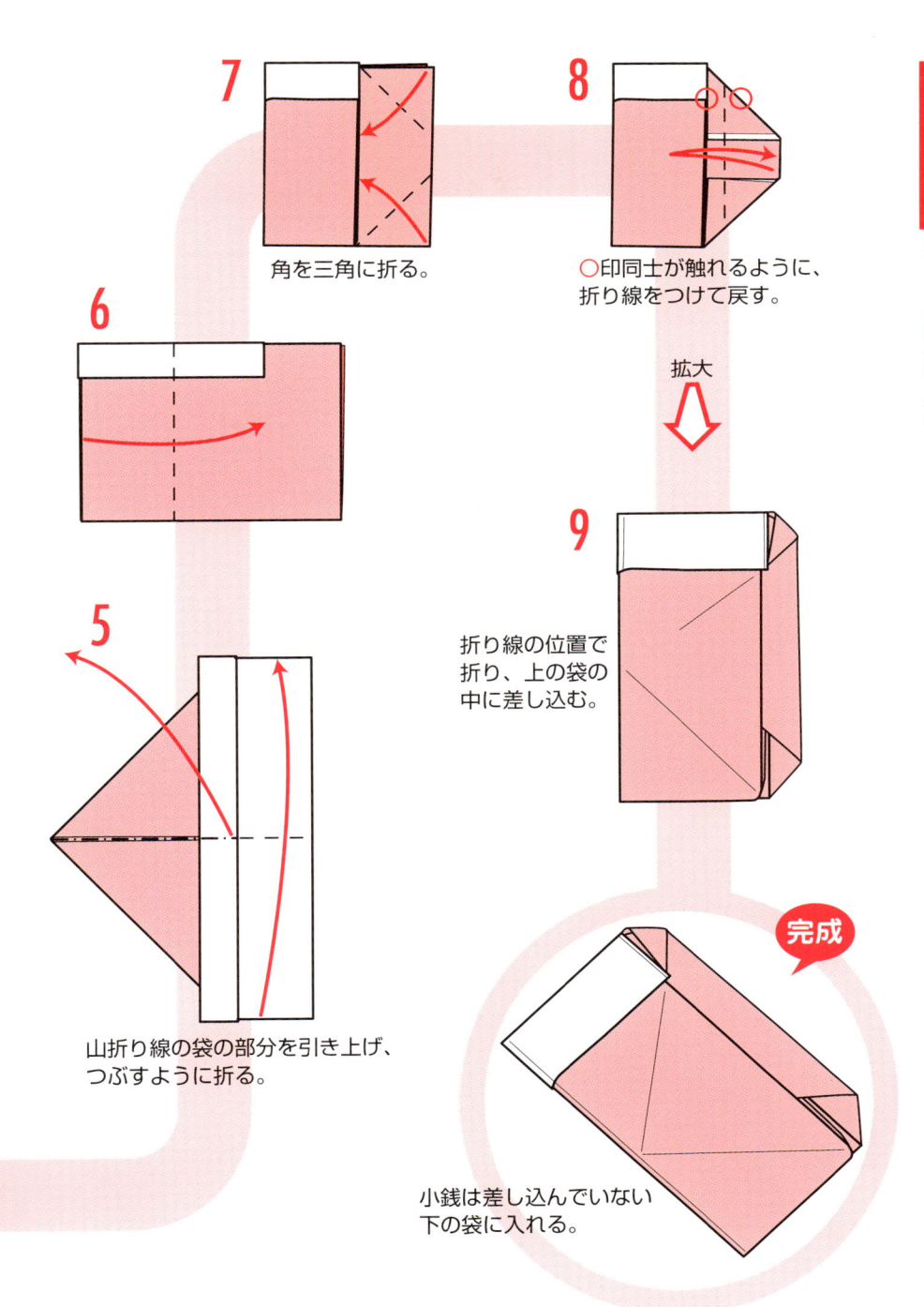

8 ○印同士が触れるように、折り線をつけて戻す。

6

拡大

5 山折り線の袋の部分を引き上げ、つぶすように折る。

9 折り線の位置で折り、上の袋の中に差し込む。

完成

小銭は差し込んでいない下の袋に入れる。

PART 2 暮らしに役立つ小物

一輪挿し

部屋のインテリアに作っておきたい一輪挿しです。チラシの容器に色鮮やかな花一輪。そのギャップが花を引き立てます。

用紙サイズ 標準サイズ①(A4)より正方形

難易度 ★

1 半分に折り上げる。

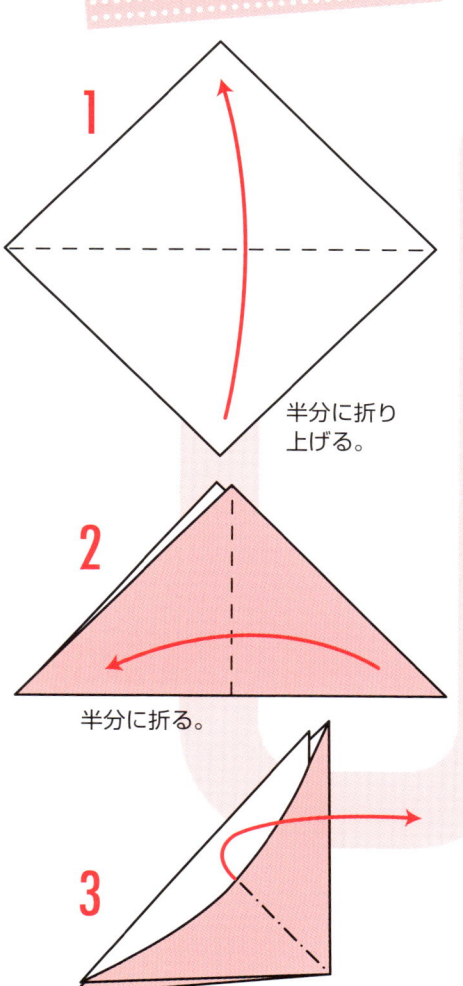

2 半分に折る。

3 開いてつぶす。

4 裏返す

5 同じように開いてつぶす。

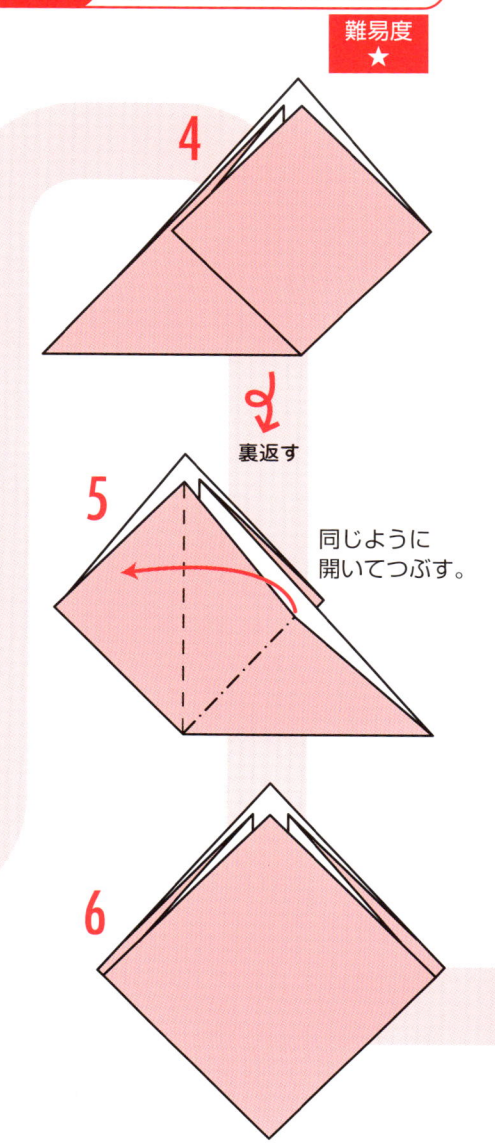

6

8

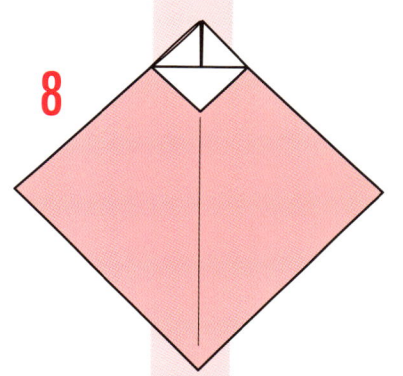

他の3か所も同じように折る。

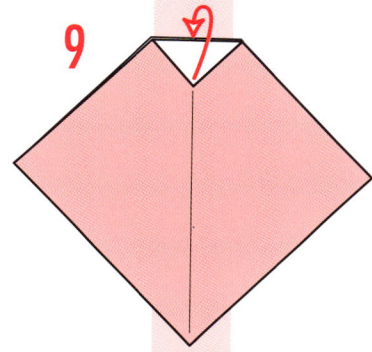

9

三角の部分を内側に折る。
他の3か所も同じように折る。

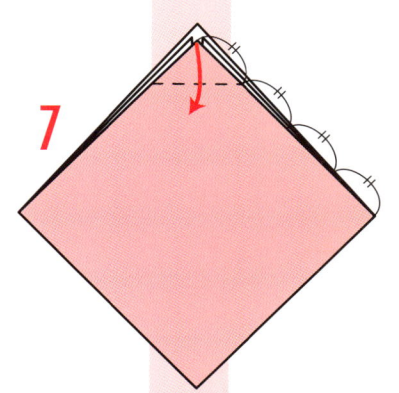

7

4等分のところを三角に折る。

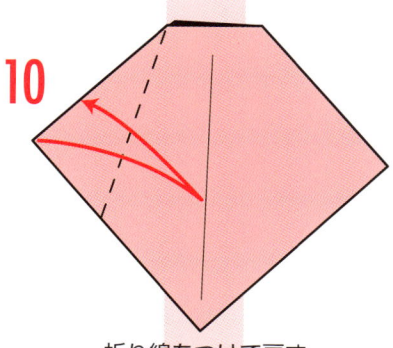

10

折り線をつけて戻す。

12

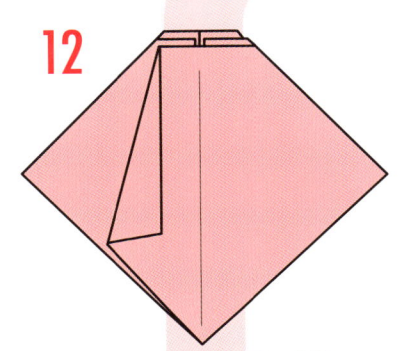

残りの3か所も同じ手順で折りたたむ。

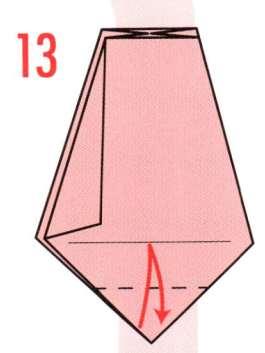

13

折り線をしっかりつけて戻す。
底の部分の形を整えてできあがり。

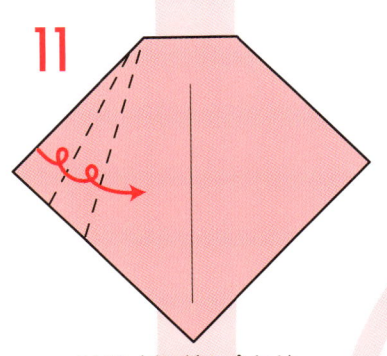

11

つけた折り線に合わせ、巻くように折りたたむ。

完成

壺

折り鶴の折り方を発展させた壺です。一輪挿しと同じく、生花やドライフラワーを飾ることができます。

用紙サイズ 標準サイズ①（A4）より正方形

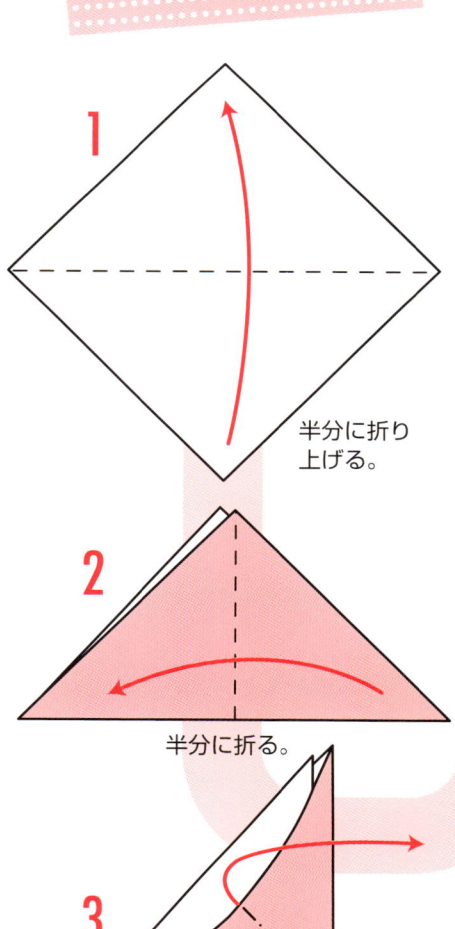

難易度 ★★

PART 2 暮らしに役立つ小物

1 半分に折り上げる。

2 半分に折る。

3 開いてつぶす。

4

裏返す

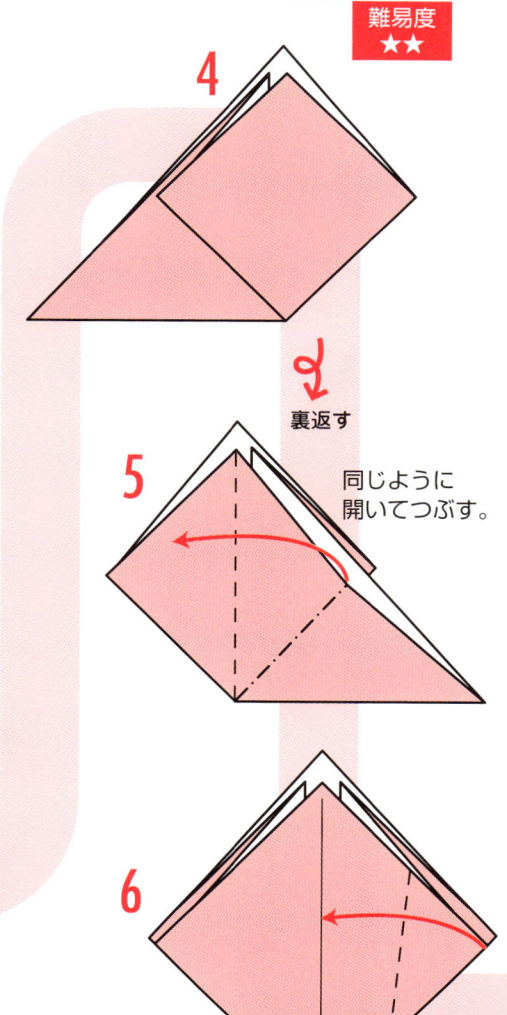

5 同じように開いてつぶす。

6 角を中心に合わせて右側だけを折る。
残りの3か所も同じように折る。

9

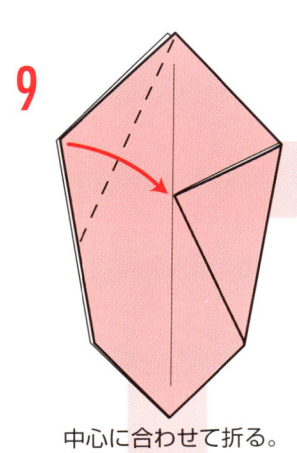

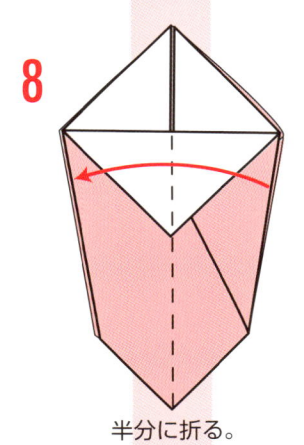

中心に合わせて折る。

10

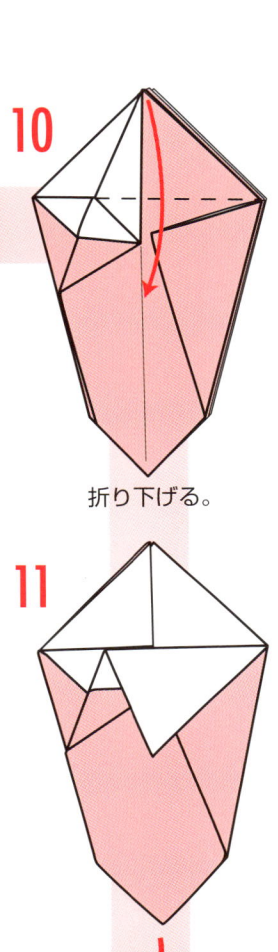

折り下げる。

8

半分に折る。

11

裏返す

7

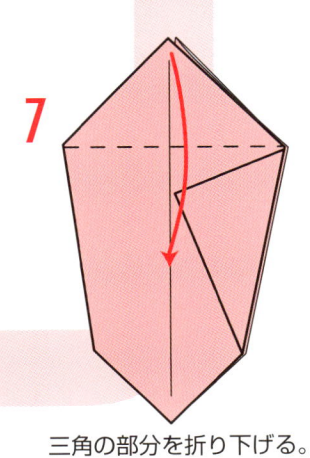

三角の部分を折り下げる。

12

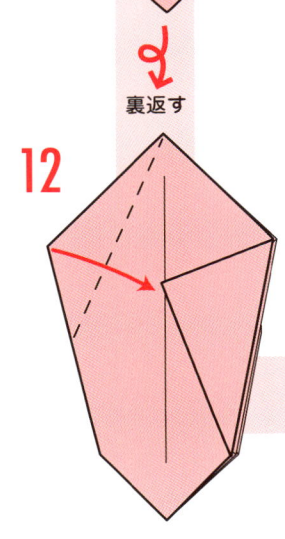

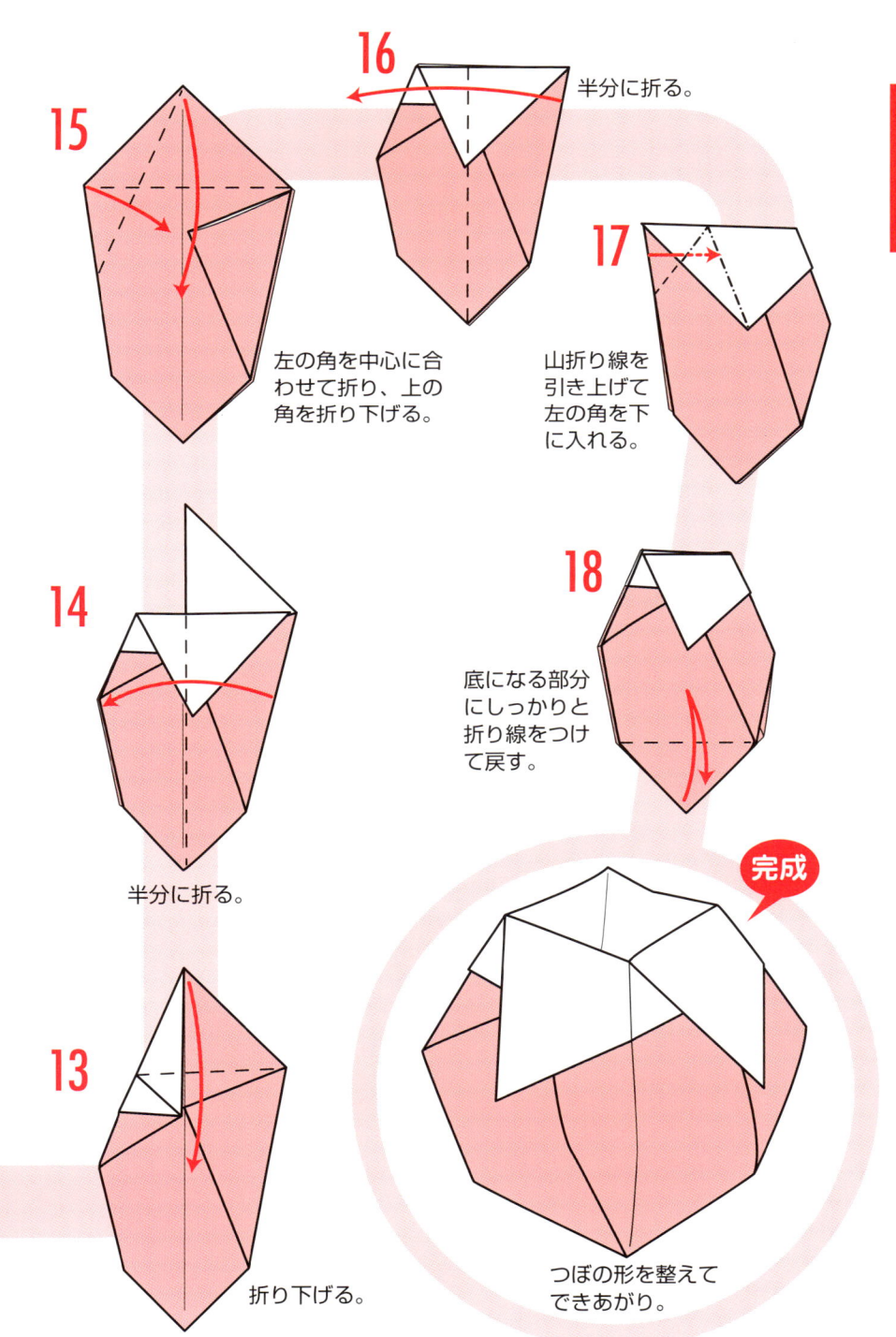

15
左の角を中心に合わせて折り、上の角を折り下げる。

16
半分に折る。

17
山折り線を引き上げて左の角を下に入れる。

14
半分に折る。

18
底になる部分にしっかりと折り線をつけて戻す。

13
折り下げる。

完成
つぼの形を整えてできあがり。

PART 2 暮らしに役立つ小物

ブックカバー

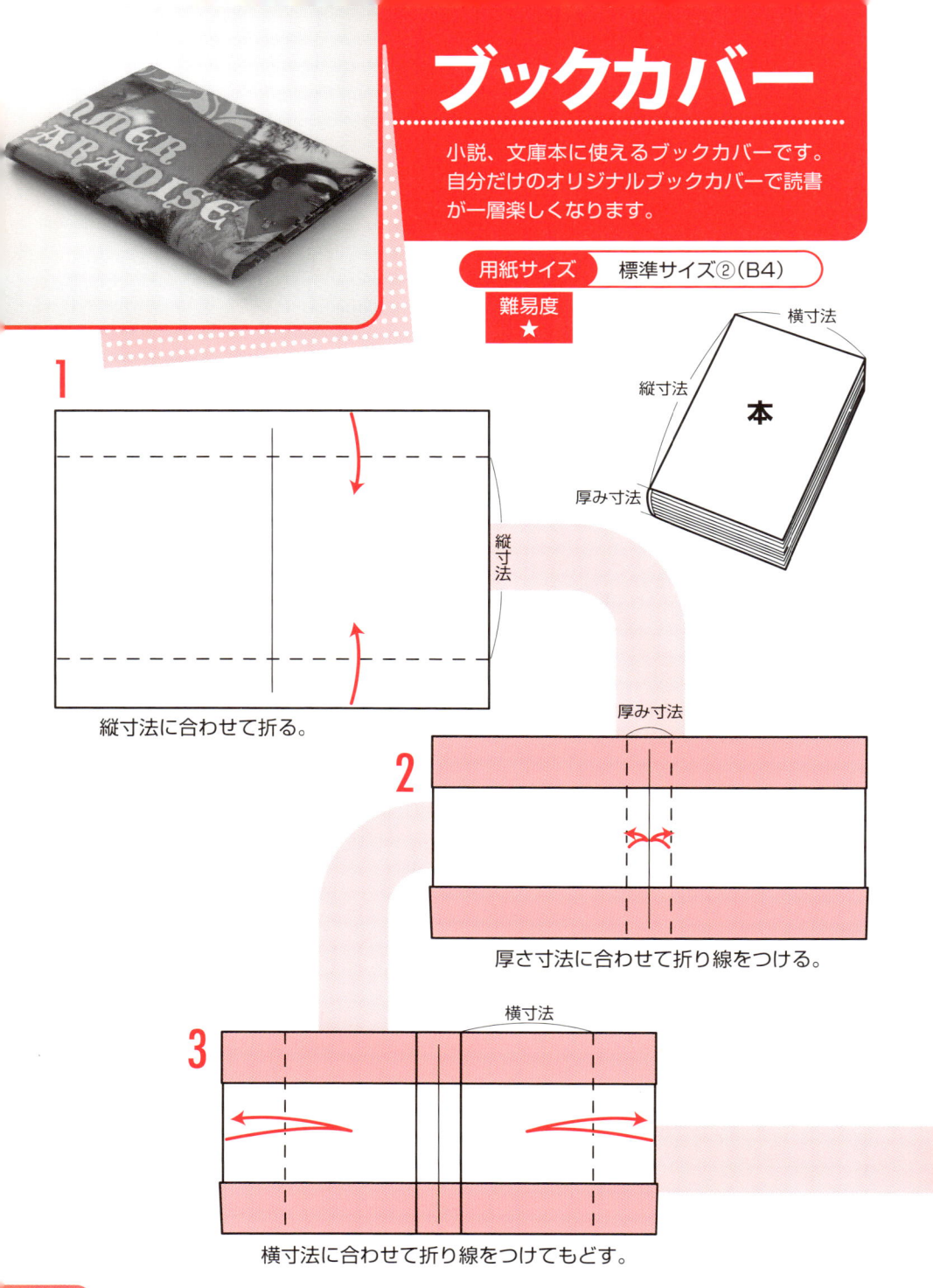

小説、文庫本に使えるブックカバーです。自分だけのオリジナルブックカバーで読書が一層楽しくなります。

用紙サイズ 標準サイズ②（B4）

難易度 ★

1
縦寸法に合わせて折る。

2
厚さ寸法に合わせて折り線をつける。

3
横寸法に合わせて折り線をつけてもどす。

5

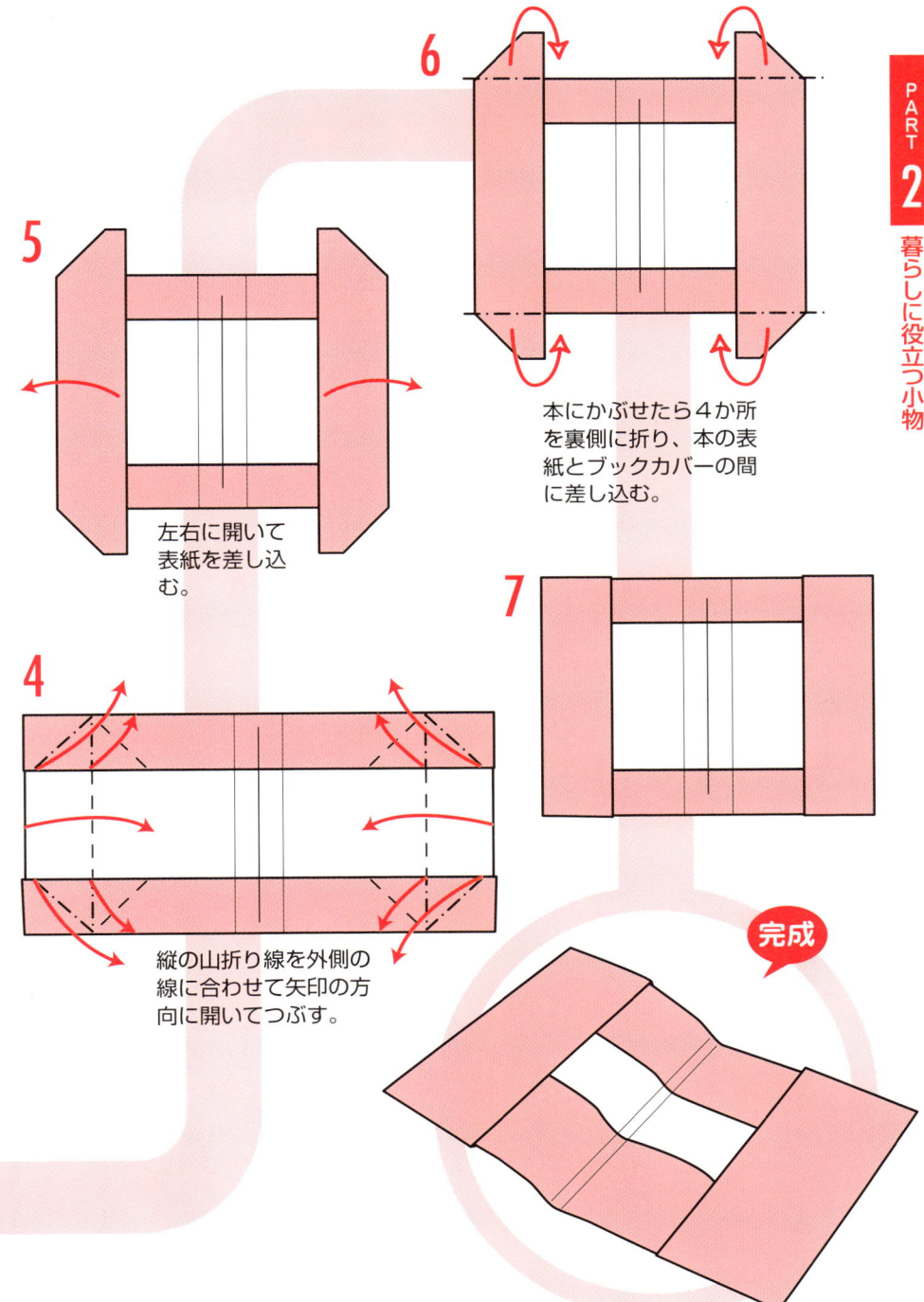

左右に開いて表紙を差し込む。

6

本にかぶせたら4か所を裏側に折り、本の表紙とブックカバーの間に差し込む。

4

縦の山折り線を外側の線に合わせて矢印の方向に開いてつぶす。

7

完成

PART 2 暮らしに役立つ小物

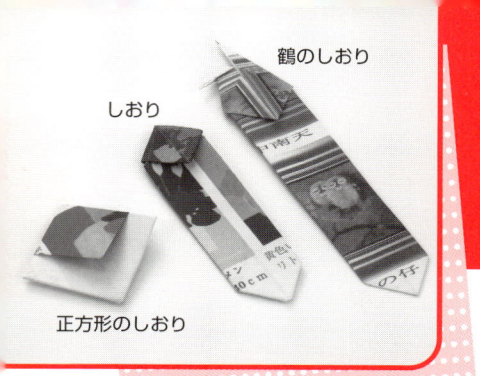

しおり

ブックカバーとセットで作りたいしおりです。三種類あるしおりの中からお気に入りを作って使ってください。

難易度 ★★

◆しおり◆

用紙サイズ　標準サイズ①(A4)の$\frac{1}{4}$

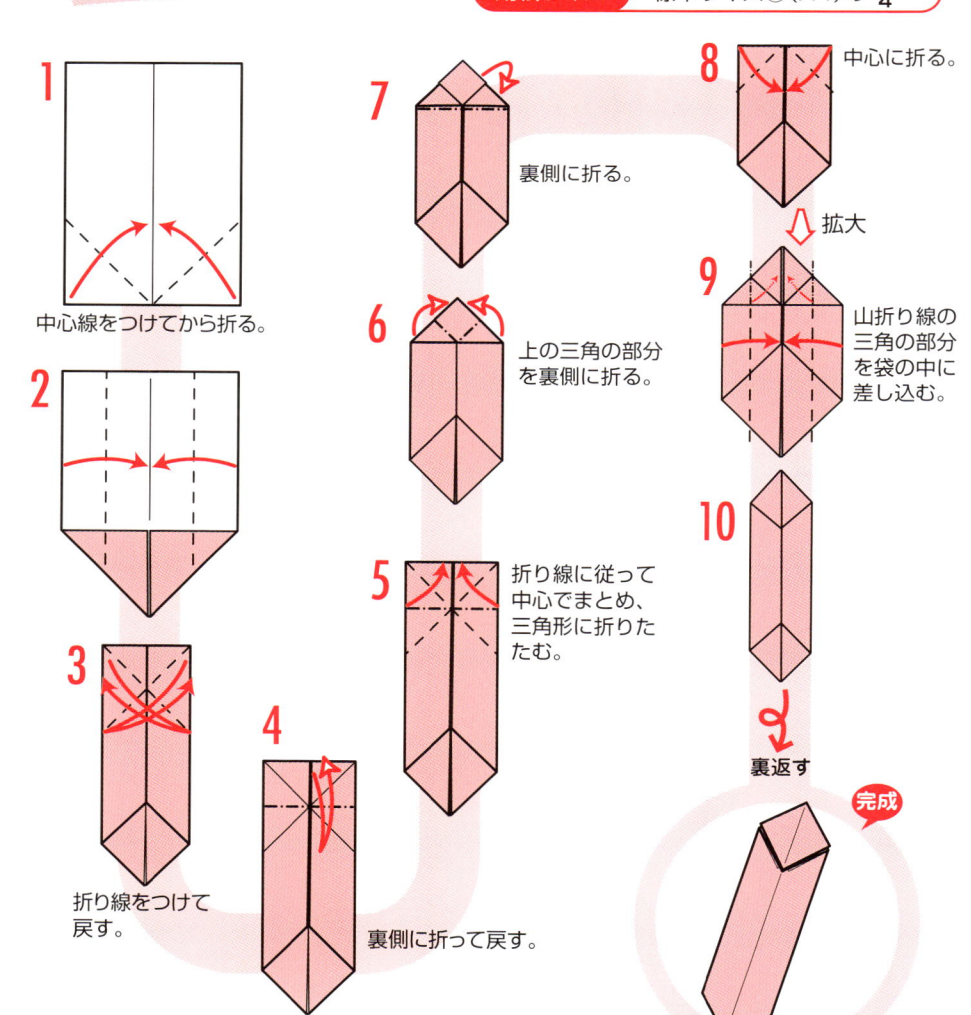

1 中心線をつけてから折る。

2

3 折り線をつけて戻す。

4 裏側に折って戻す。

5 折り線に従って中心でまとめ、三角形に折りたたむ。

6 上の三角の部分を裏側に折る。

7 裏側に折る。

8 中心に折る。

拡大

9 山折り線の三角の部分を袋の中に差し込む。

10

裏返す

完成

◆鶴のしおり◆

用紙サイズ 標準サイズ①（A4）の $\frac{1}{4}$

1. 中心に向かって折る。
2. 4つの角を折る。上は折り線をつけて戻す。
3. 開いてつぶすように折り下げる。
4. 大きな三角は裏側に折る。小さい2つの三角は折り上げる。
5. 中心に折る。
6. 中心に折り、頭の部分はかぶせ折り（35ページ）で折る。
7. 裏返す

完成

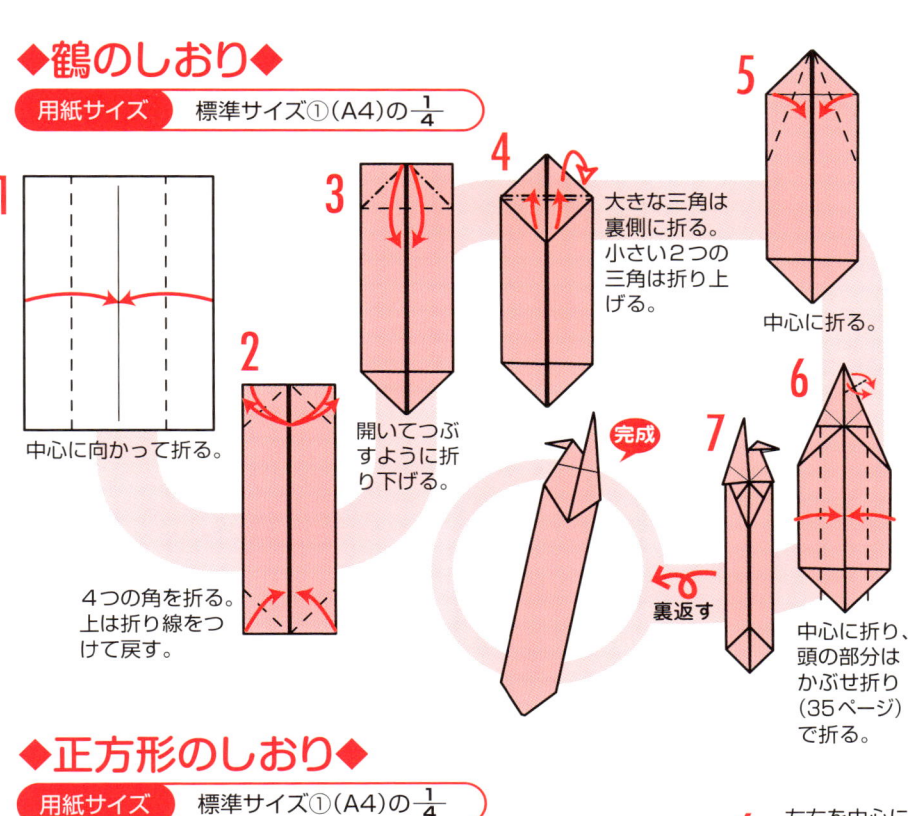

◆正方形のしおり◆

用紙サイズ 標準サイズ①（A4）の $\frac{1}{4}$

1.
2. 折り上げる。
3.
4. 中心に向かって折る。
5. 折り下げる。
6. 左右を中心に向かって折る。
7. 上下を反転する。
8. 裏返す

完成

PART 2 暮らしに役立つ小物

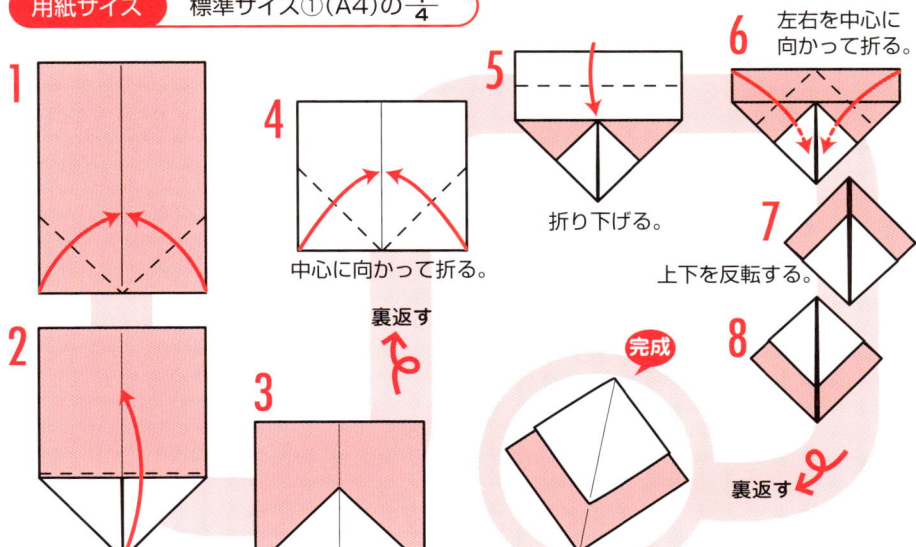

ホウキ

消しゴムのカスを片付けるのに役立つホウキです。チリ取り（108ページ）とあわせてお掃除セットを作りましょう。

用紙サイズ 標準サイズ①（A4）

難易度 ★★

1. 中心線に合わせて折る。
2. 折り線をつけて戻す。
3. 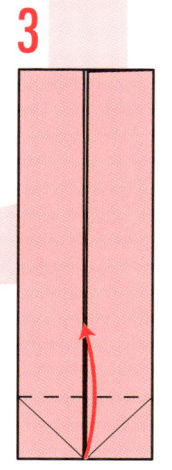
4. 矢印の方向に開いてつぶす。
5. 2つの角を持って左右に開く。
6.

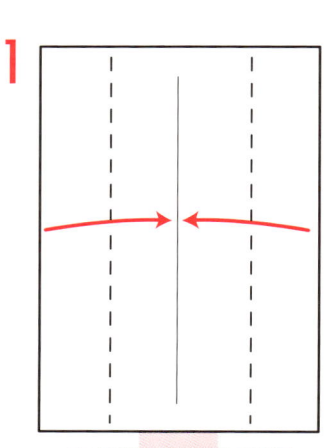

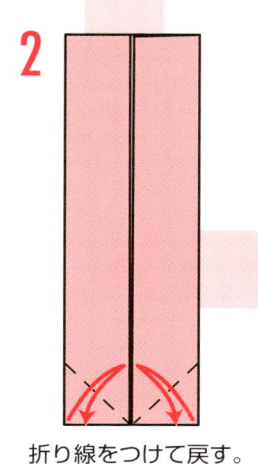

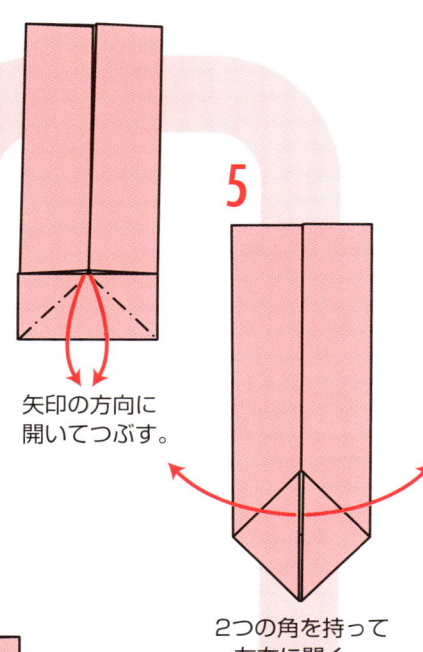

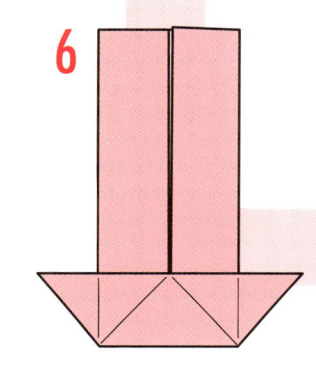

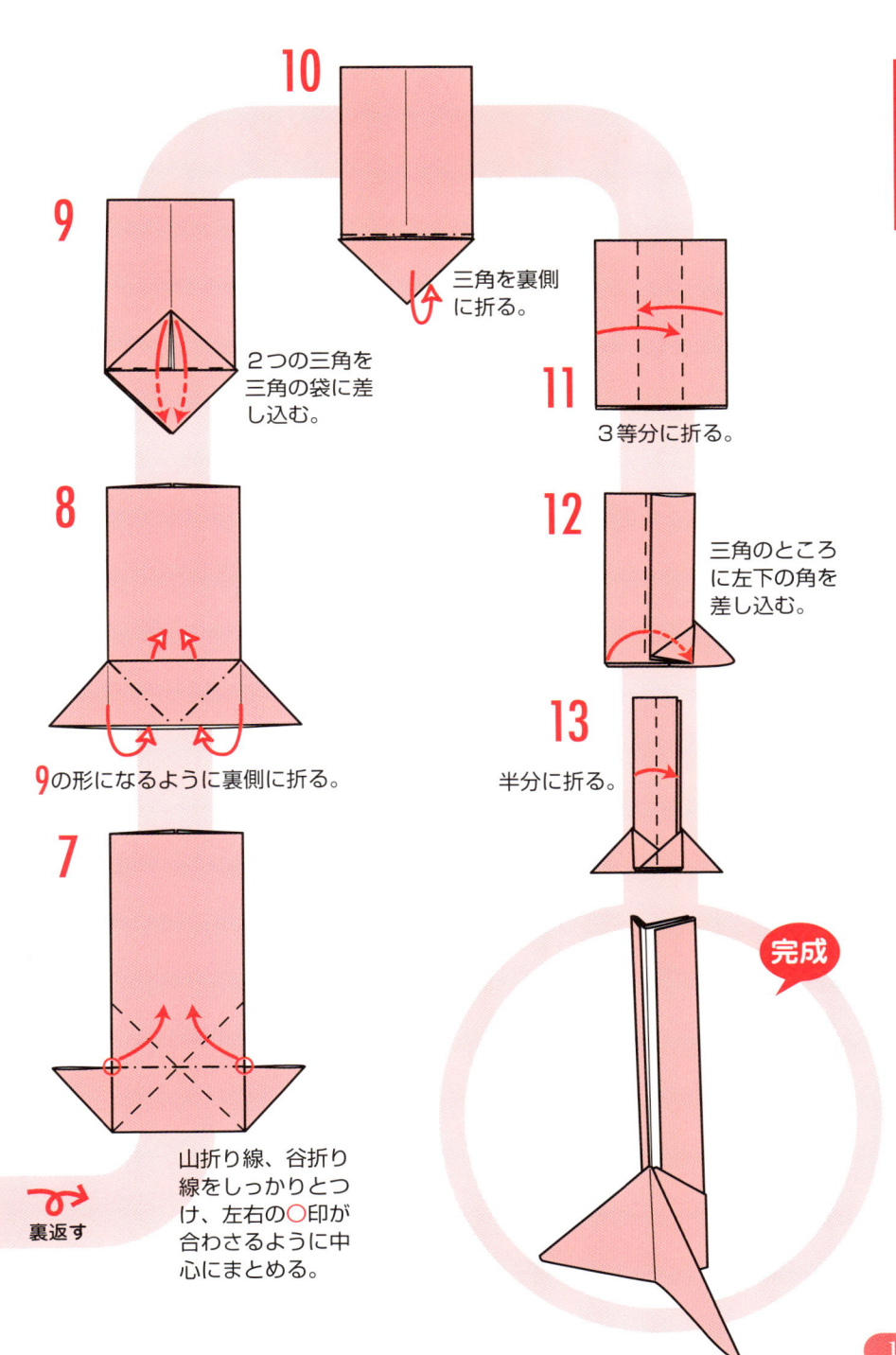

10

9

2つの三角を三角の袋に差し込む。

三角を裏側に折る。

11

3等分に折る。

8

9の形になるように裏側に折る。

12

三角のところに左下の角を差し込む。

13

半分に折る。

7

山折り線、谷折り線をしっかりとつけ、左右の○印が合わさるように中心にまとめる。

裏返す

完成

PART 2 暮らしに役立つ小物

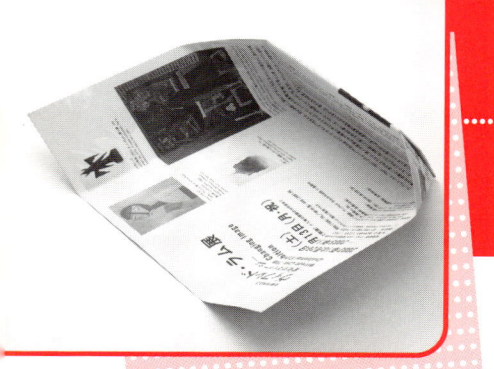

チリ取り

少ない手順でサッと作れる便利なチリ取りです。仕事場のデスクの上でも活躍する実用的な折り紙です。

用紙サイズ 標準サイズ①（A4）

難易度 ★

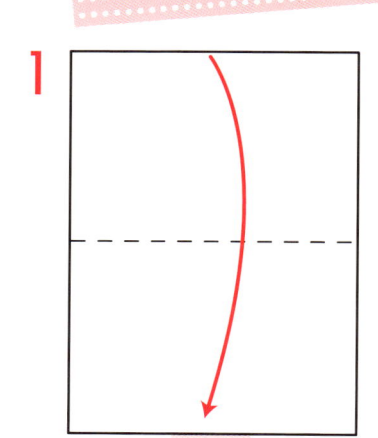

1 半分に折り下げる。

2 中心に折る。

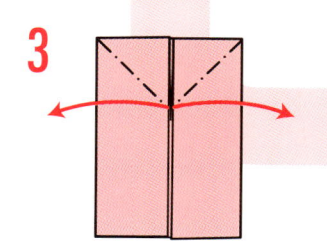

3 開いてつぶすように折る。

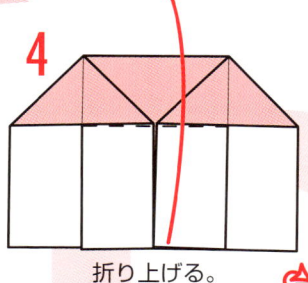

4 折り上げる。

5 角を少し斜めに折って、裏側の三角の部分に差し込む。

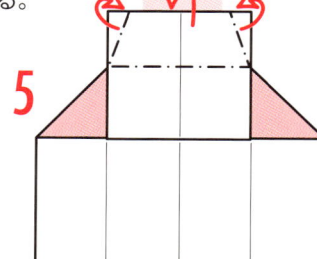

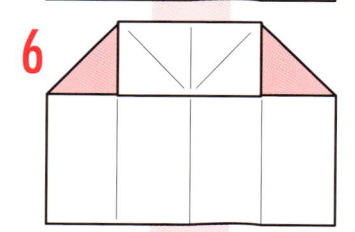

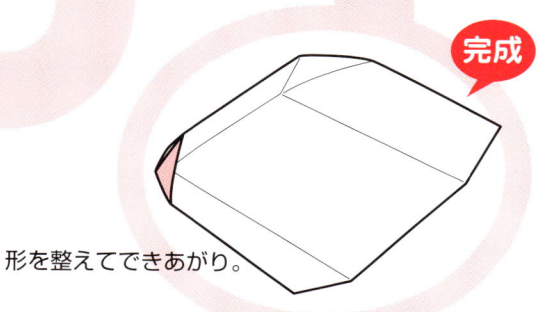

6

完成 形を整えてできあがり。

チューリップのゴミ箱

チューリップをイメージしたゴミ箱です。シンプルにサッと作れ、ゴミと一緒に捨てることができます。

用紙サイズ 標準サイズ②（B4）より正方形

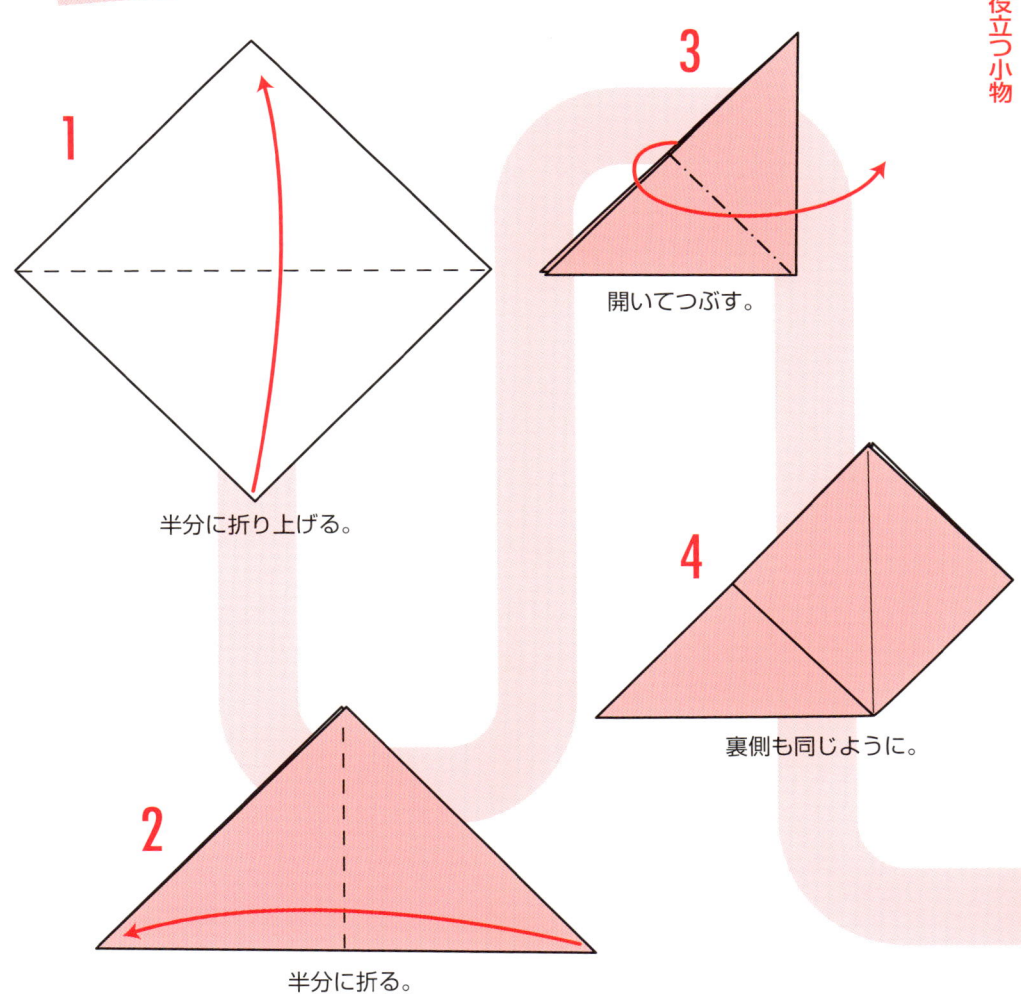

難易度 ★★

PART 2 暮らしに役立つ小物

1 半分に折り上げる。

2 半分に折る。

3 開いてつぶす。

4 裏側も同じように。

7 中心に折る。

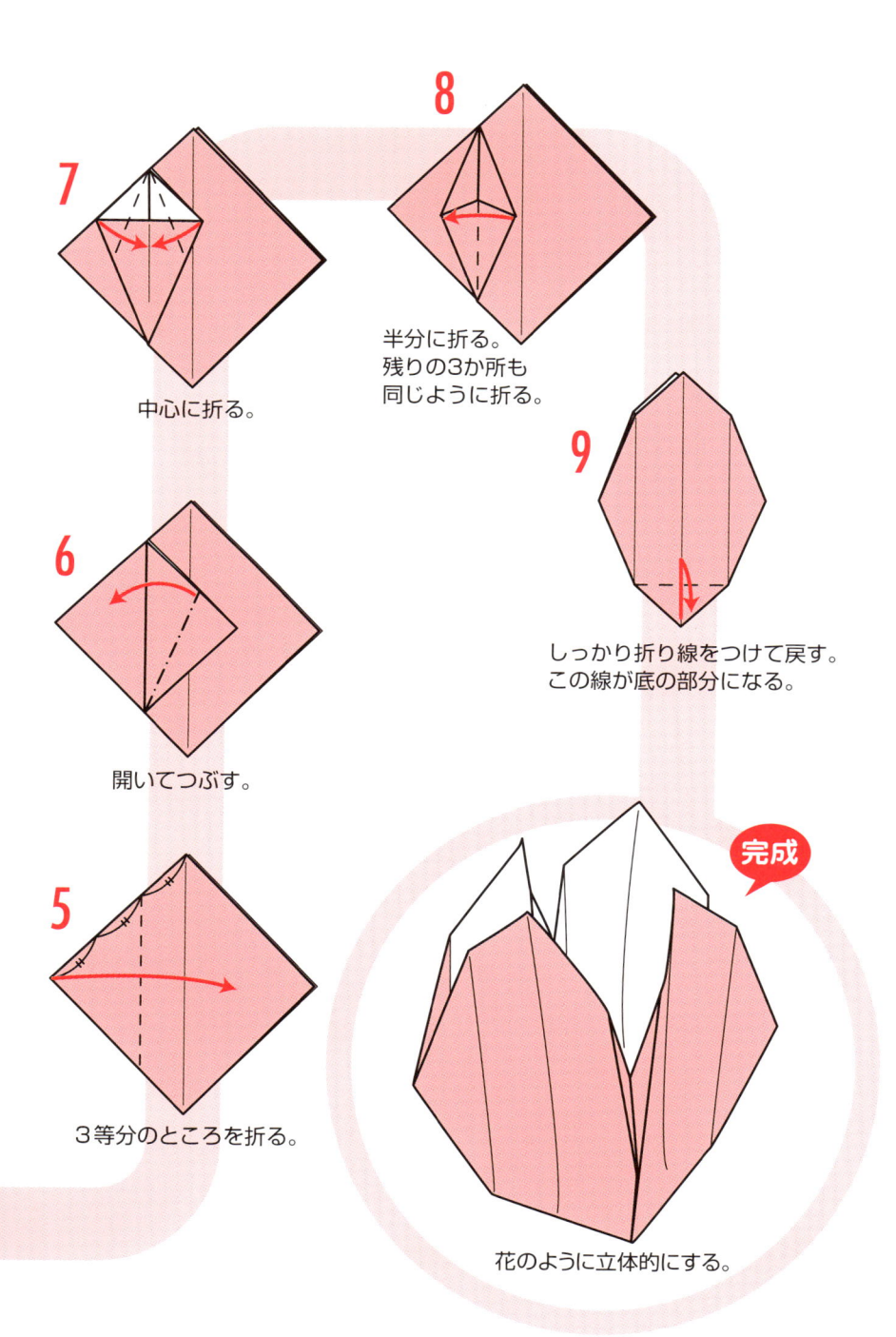

8 半分に折る。
残りの3か所も
同じように折る。

9 しっかり折り線をつけて戻す。
この線が底の部分になる。

6 開いてつぶす。

5 3等分のところを折る。

完成 花のように立体的にする。

日よけ帽子

新聞紙で作ると帽子としてちょうどいいサイズの日よけ帽子です。何枚か重ねたものを使って折ると丈夫に作れます。

用紙サイズ　新聞紙サイズ

難易度　★

PART 2　暮らしに役立つ小物

1 半分に折る。

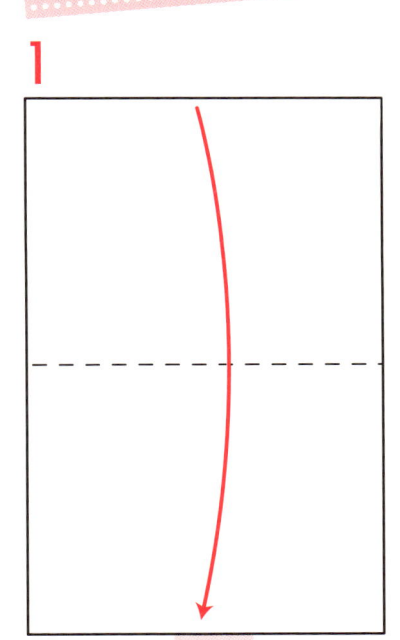

2 半分に折り線をつけて戻す。

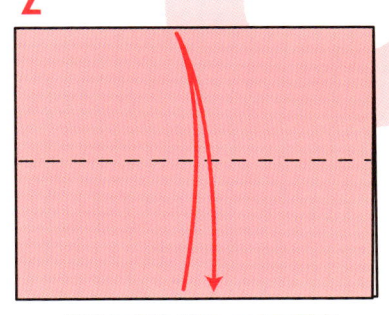

3 折り線に合わせて角を折る。

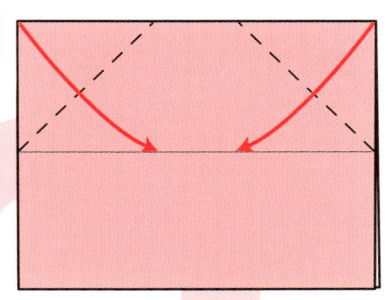

4 折り上げる。

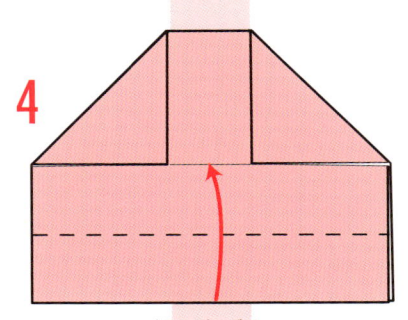

5 両方の角を袋の中に入れる。

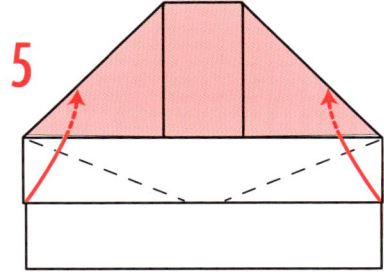

8

左の角も内側に折り込む。

9 後 前

内側を広げて帽子の形にする。

7

さらに角を内側に折り込む。

6

折り上げる。

完成

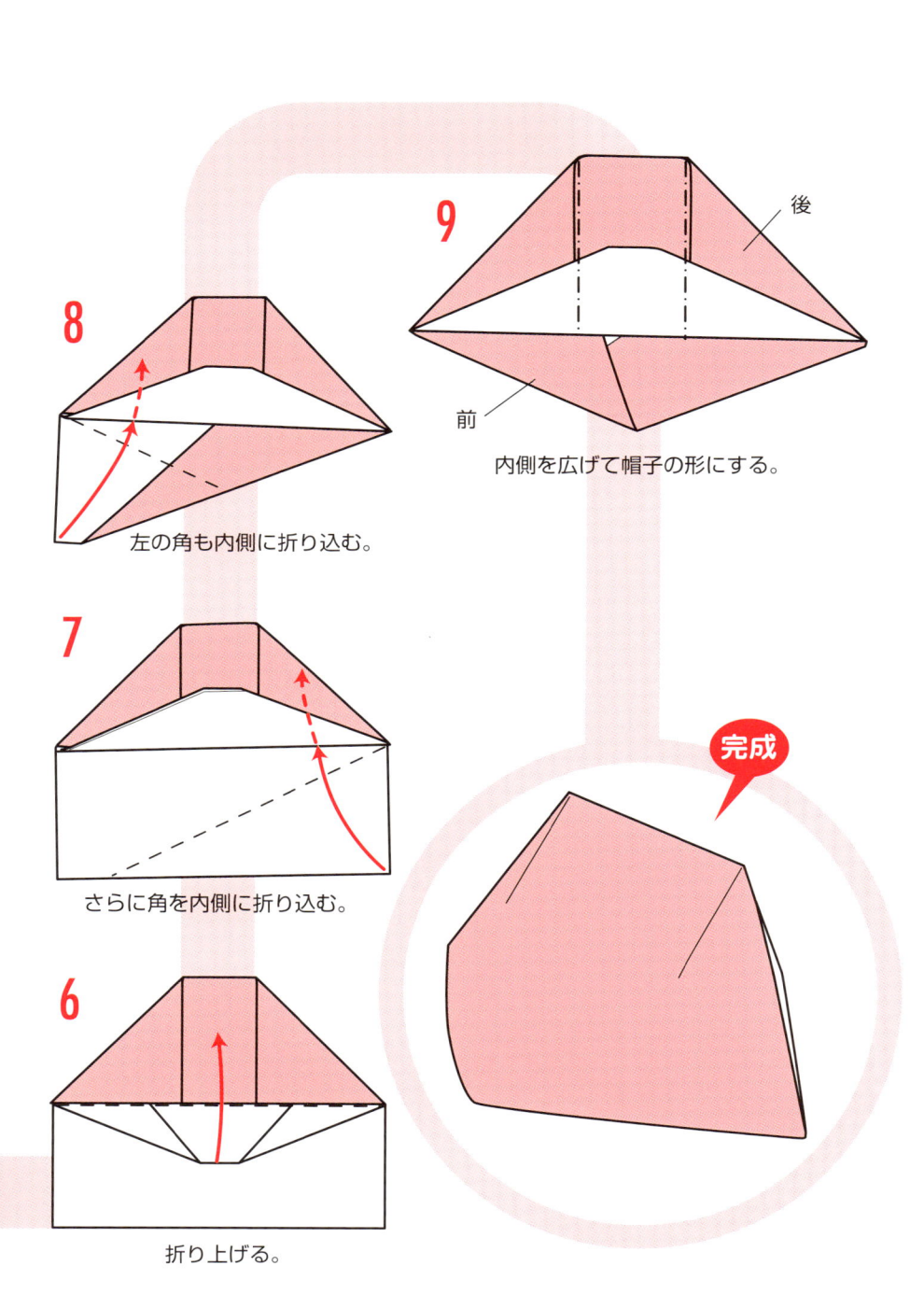

かぶとの日よけ帽子

子どもの頃を思い出させるかぶとの日よけ帽子です。前後反対にかぶれば、蛇腹の部分がひさしになります。

| 用紙サイズ | 新聞紙サイズ |

難易度 ★★★

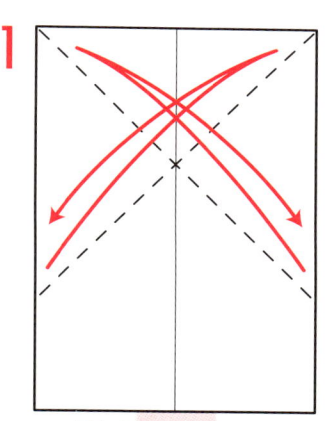

PART 2 暮らしに役立つ小物

1 折り目をつけて戻す。

裏返す

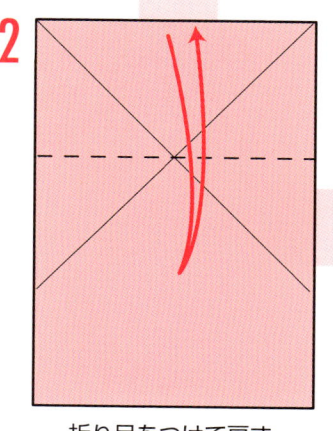

2 折り目をつけて戻す。

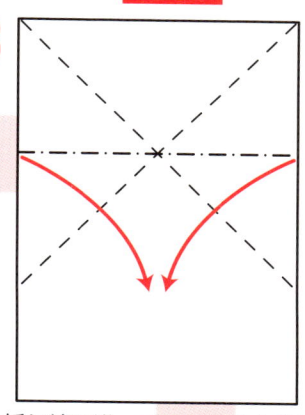

裏返す

3 折り線に沿って中心にまとめる。

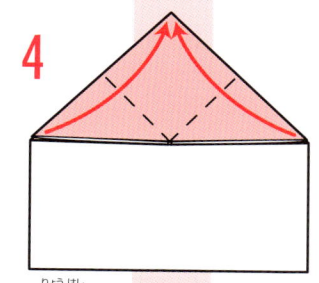

4 両端（りょうはし）を上げるように折る。

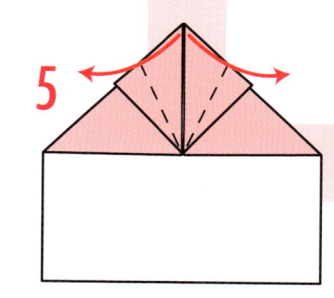

5

10
全部広げる。

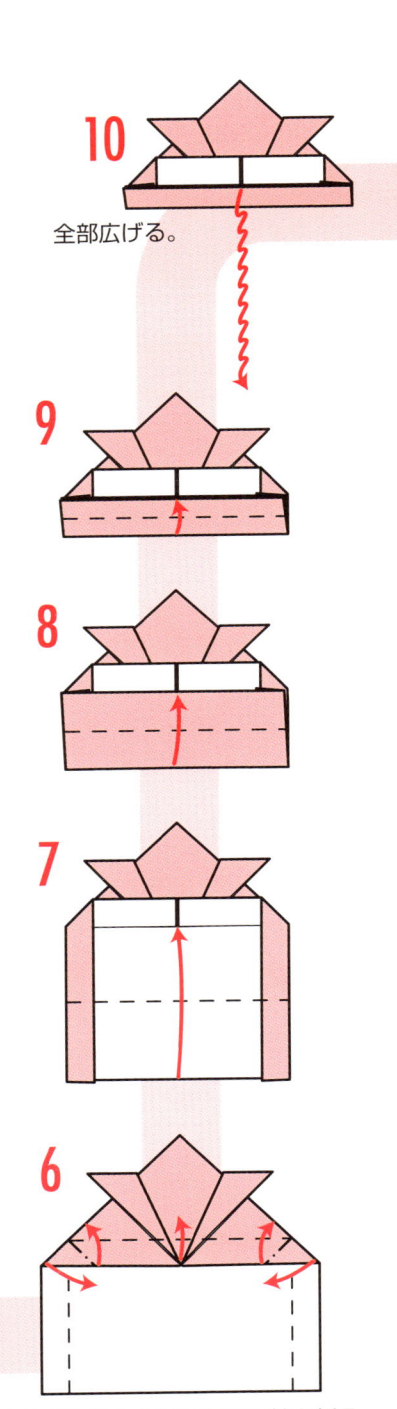

11
7〜9で付けた折り目に沿って蛇腹折りする。

9

8

7

6
中心部を持ち上げながら両端を折る。

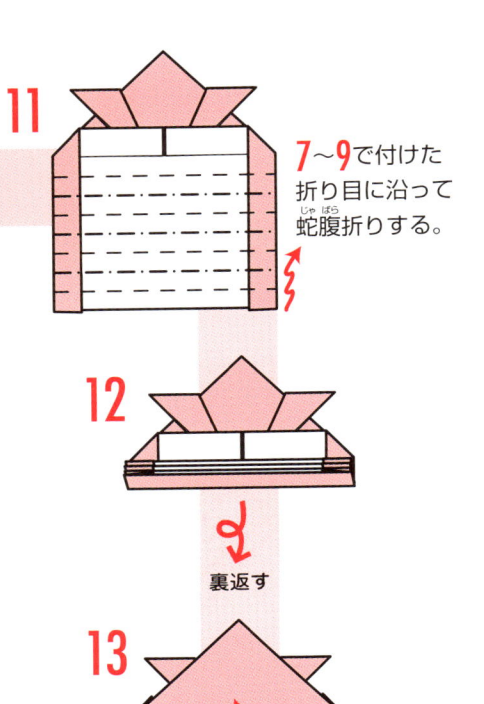

12
裏返す

13
蛇腹に折った部分をまとめて折り上げる。

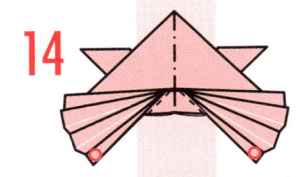

14
山折り、谷折りの順に折って広げる。

完成

最後に14の○印をのりづけしてできあがり。

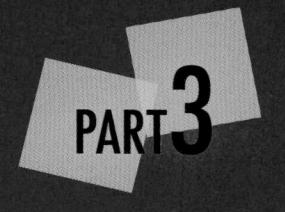

PART 3
折って遊べる折り紙

- ◉紙飛行機
- ◉紙鉄砲
- ◉紙風船
- ◉コマ
- ◉船（駆逐艦、航空母艦）

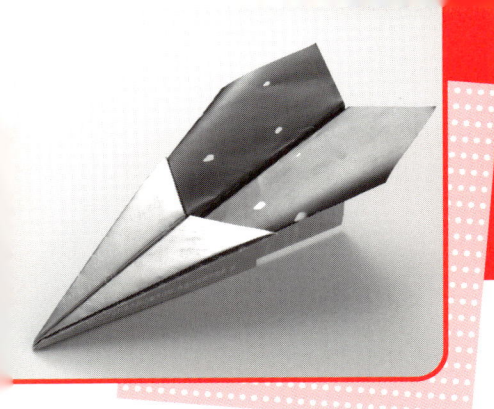

紙飛行機

伝承折り紙の1つ、紙飛行機です。少し厚めの紙で作ると、よく飛ぶ紙飛行機ができあがります。

用紙サイズ 標準サイズ①（A4）

難易度 ★

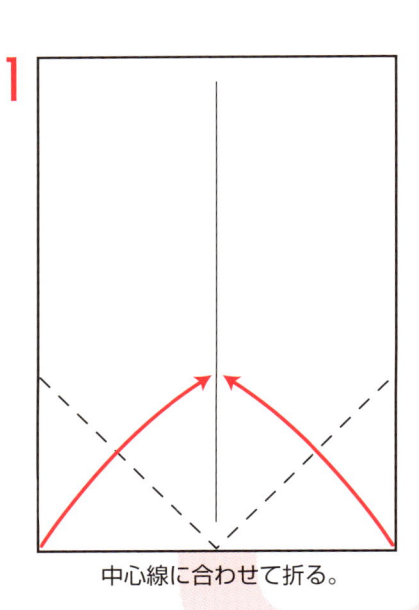

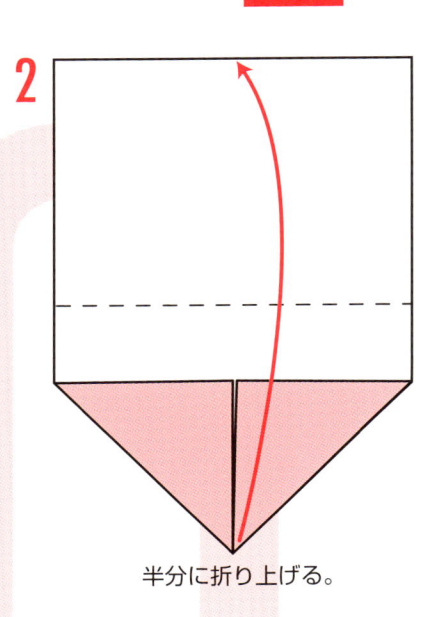

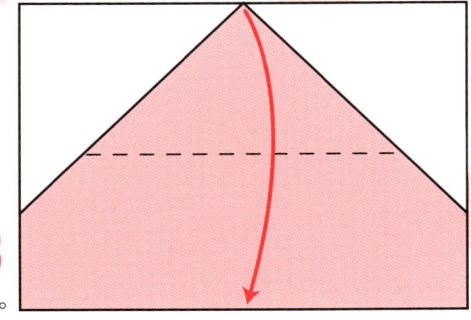

1
中心線に合わせて折る。

2
半分に折り上げる。

3
三角を半分に折る。

5

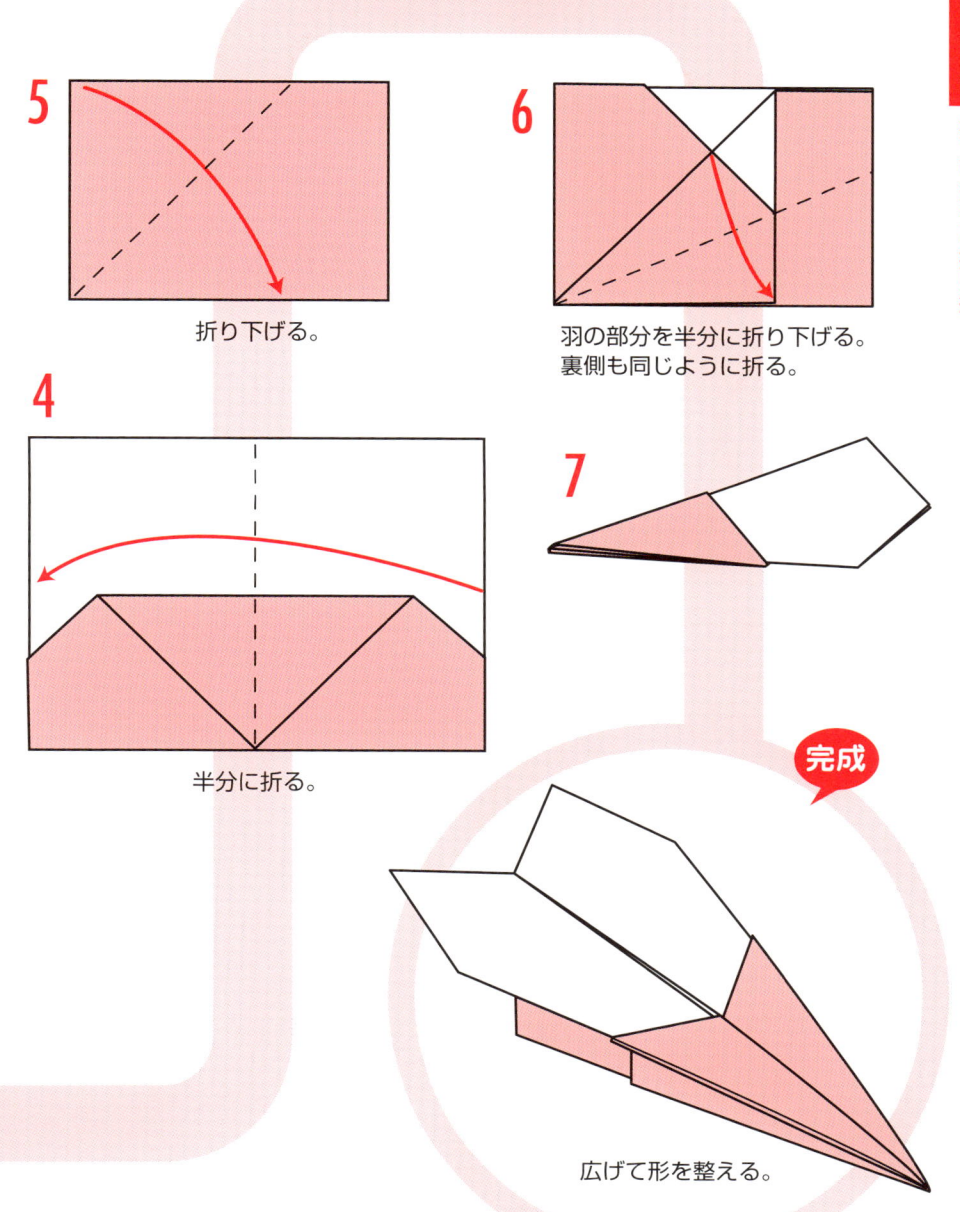

折り下げる。

6

羽の部分を半分に折り下げる。
裏側も同じように折る。

4

半分に折る。

7

完成

広げて形を整える。

PART **3** 折って遊べる折り紙

117

紙鉄砲

「パンッ」と気持ちよく鳴る伝承折り紙の紙鉄砲です。チラシ、新聞紙などいろいろな紙で作ってみましょう。

用紙サイズ	新聞紙サイズ

難易度
★

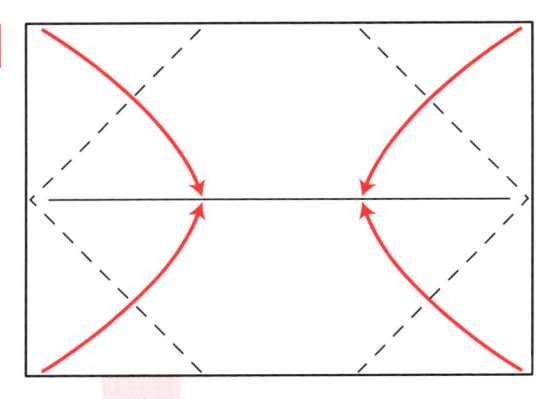

1 中心線に合わせて四隅を折る。

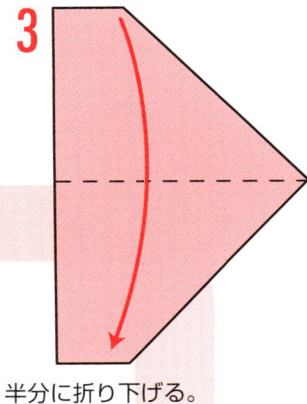

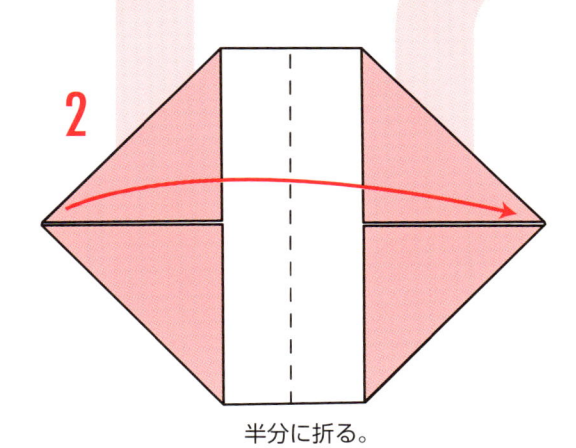

2 半分に折る。

3 半分に折り下げる。

6 折り上げる。

7 内側を広げてつぶす。

5 （途中図）

8 全部折り下げる。

4 内側を広げてつぶす。

完成

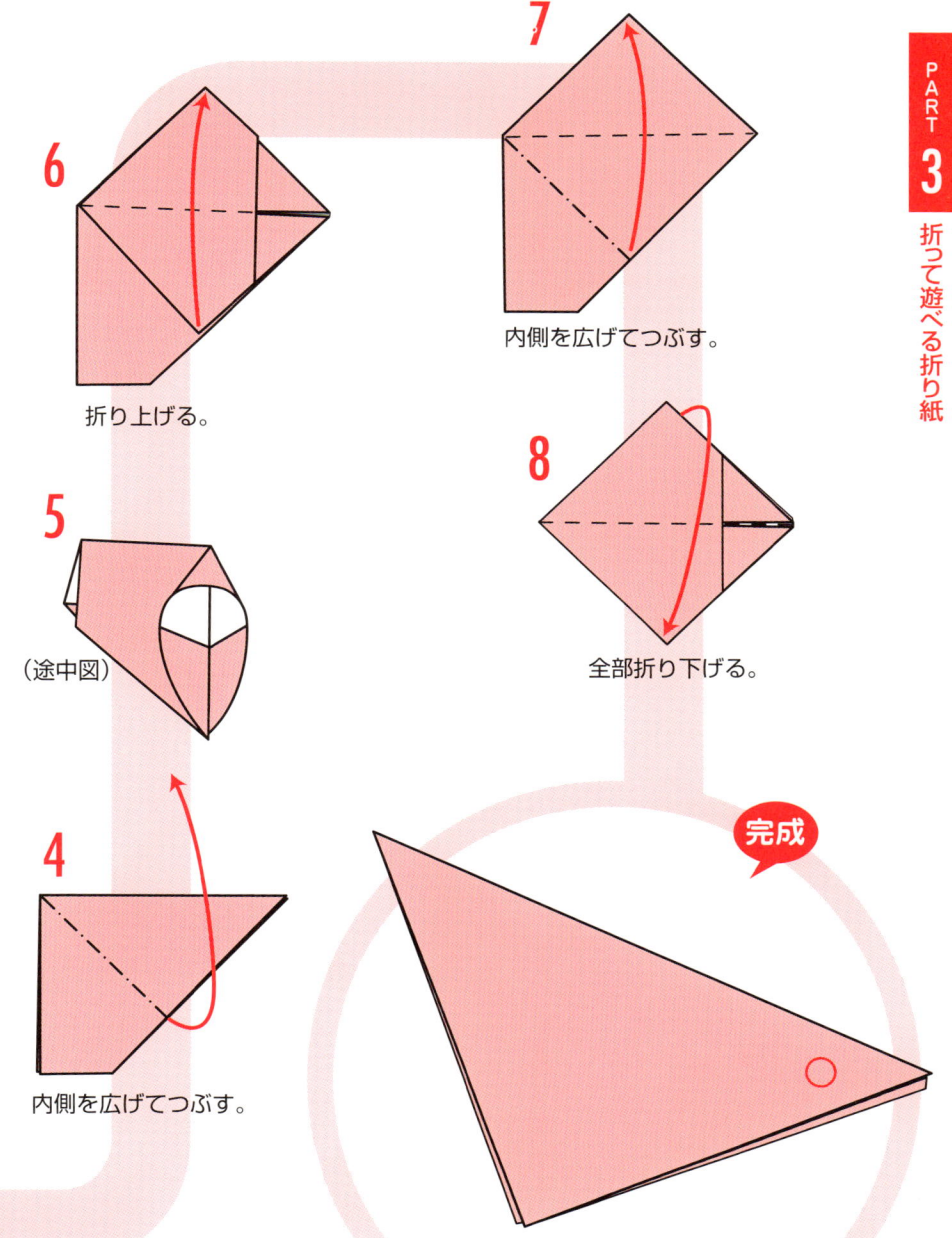

○のところを持って強く振りおろす。

PART **3** 折って遊べる折り紙

119

紙風船

伝承折り紙の定番、紙風船です。上手にふくらむように折るのがポイントです。

用紙サイズ 標準サイズ①（A4）より正方形

難易度 ★

1 折り下げる。

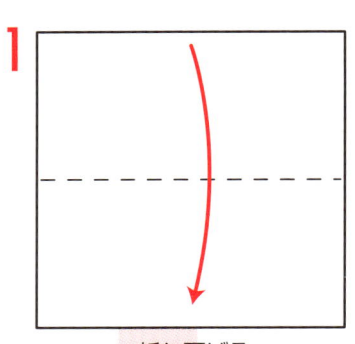

2 半分に折る。

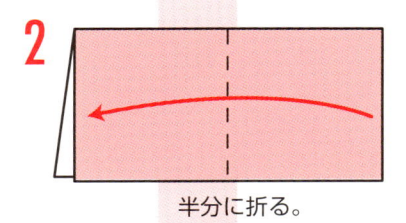

3 開いてつぶす。

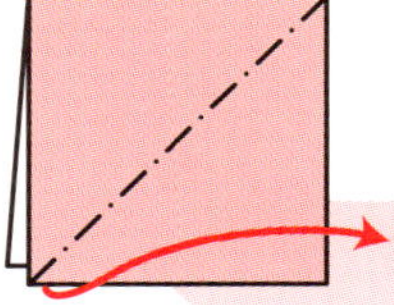

4 （途中図）

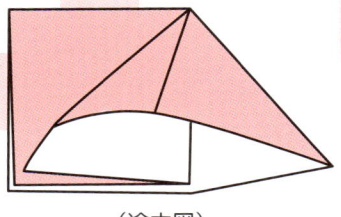

5 裏側も同じように折る。

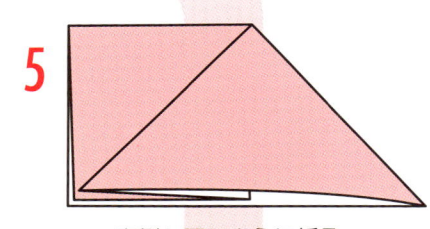

6 中心に合わせて折る。

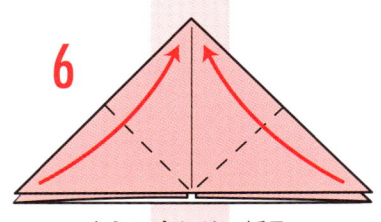

9
折り下げる。
裏側も同じように折る。

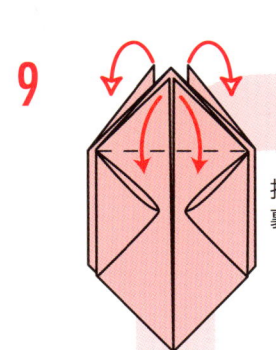

10
それぞれ袋の中へ差し込む。
裏側も同じ。

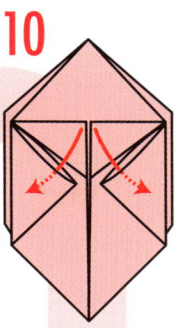

8
左右の角を中心に合わせて折る。
裏側も同じように折る。

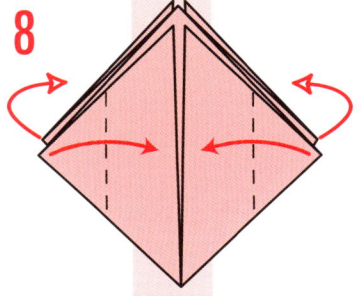

11
下から息を吹き込んでふくらませる。

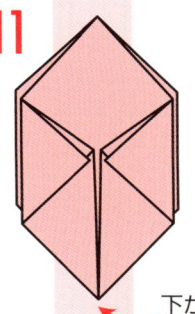

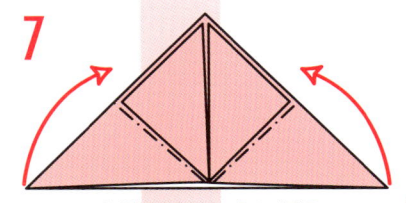

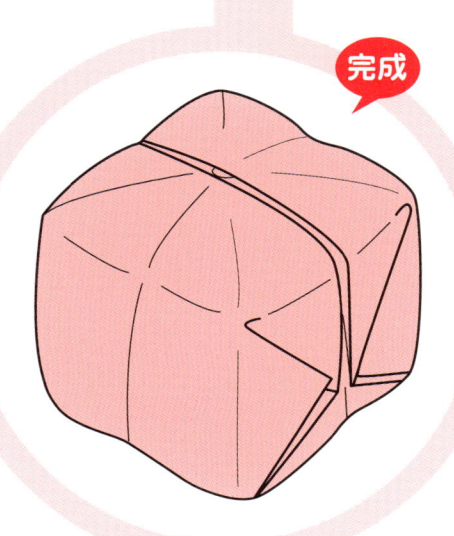

7
裏側も同じように折る。

完成

PART 3 折って遊べる折り紙

コマ

伝承折り紙のコマです。できあがりの表と裏に注意して作りましょう。

用紙サイズ 標準サイズ②(B4)の $\frac{1}{8}$ より正方形

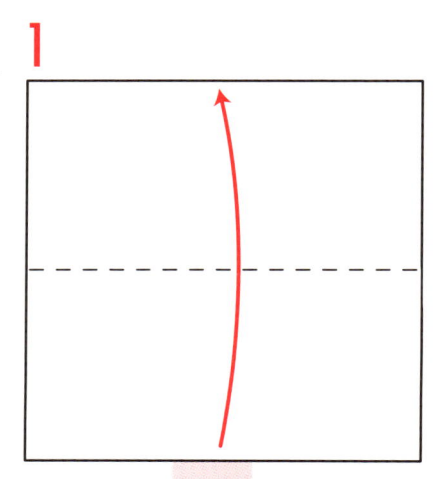

難易度 ★

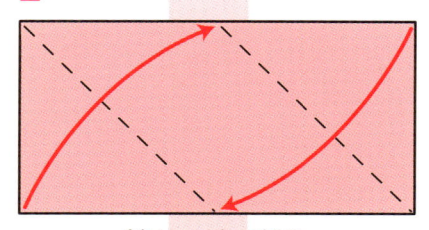

1 半分に折る。

2 斜めに三角に折る。

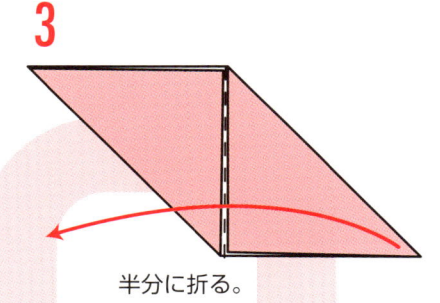

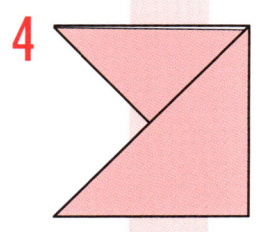

3 半分に折る。

4 同じものを4つ作る。

PART **3** 折って遊べる折り紙

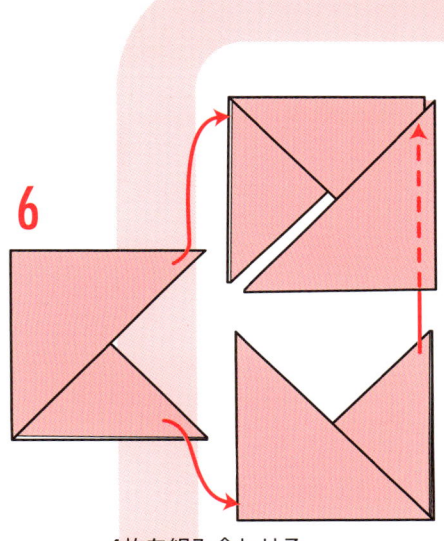

6

7

裏

表

4枚を組み合わせる。
（必ず三角の袋の中に入れる。）

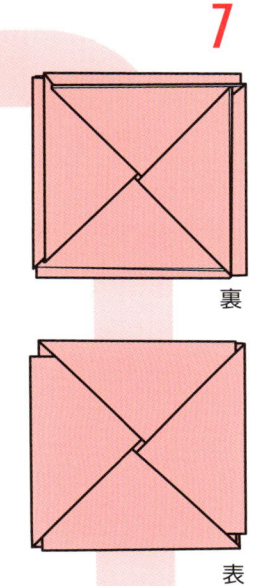

裏表が図のようにならないと、
心棒が外れてしまうので注意。

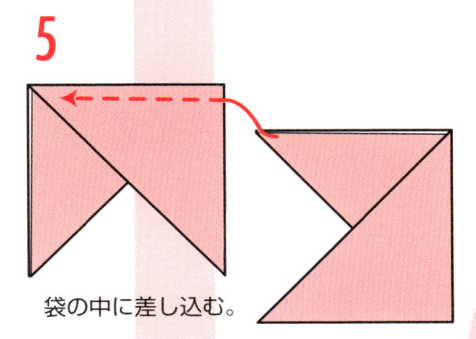

5

袋の中に差し込む。

完成

中心に心棒を挿して
できあがり。

123

船（駆逐艦、航空母艦）

駆逐艦と航空母艦をモデルにした船の折り紙です。共通の折り方から派生させて、二種類の舟を作ることができます。

用紙サイズ 標準サイズ①（A4）

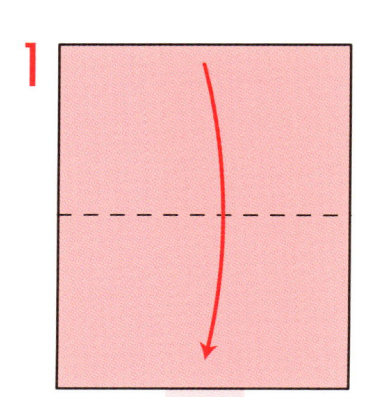

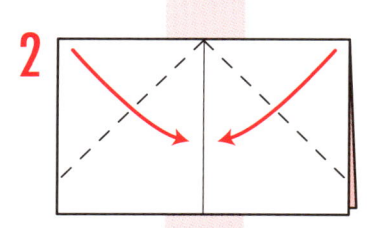

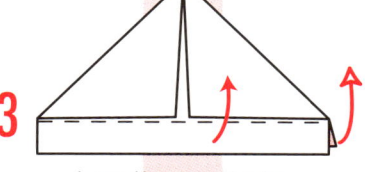

難易度 ★★★

1

2

3 上の1枚を折り上げる。裏側も同じように折る。

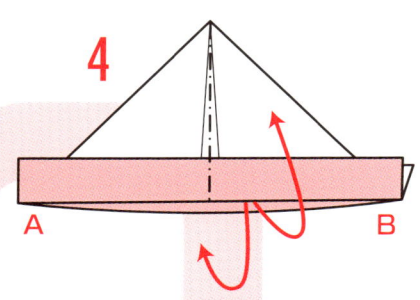

4 開いてAとBを合わせる。

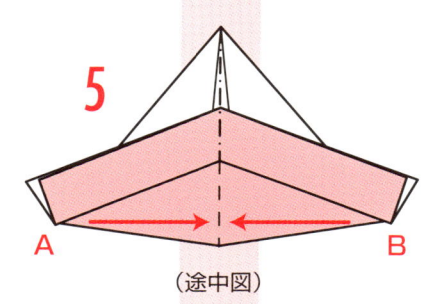

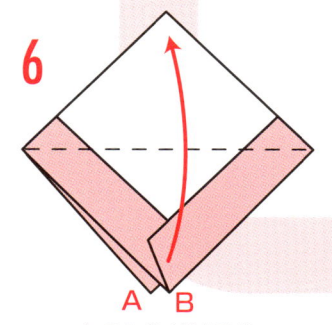

5 （途中図）

6 上の1枚だけ半分に折り上げる。

124

10

開いてEとFを
合わせる。

9

上の1枚だけ半分
に折り上げる。

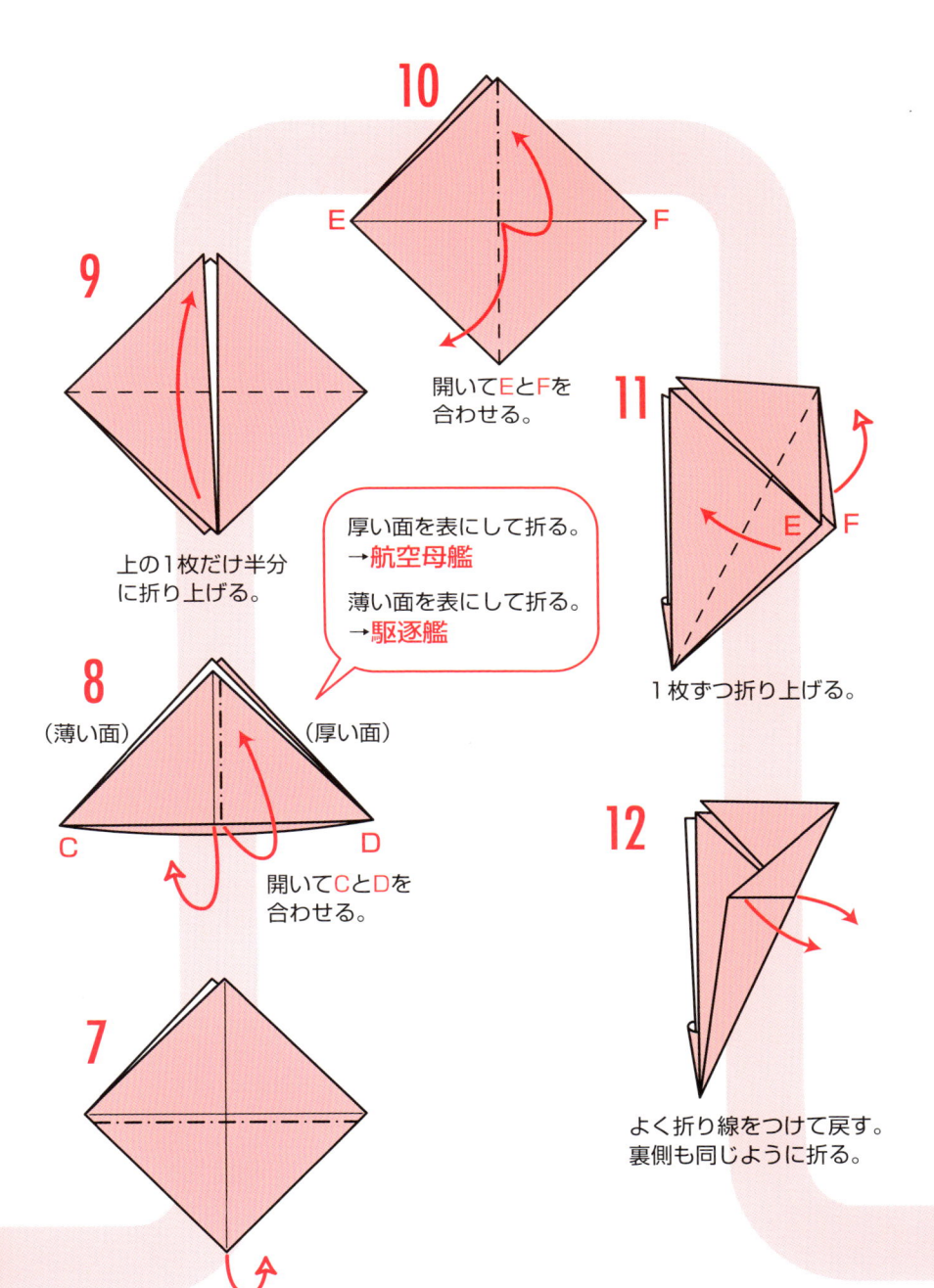

厚い面を表にして折る。
→航空母艦

薄い面を表にして折る。
→駆逐艦

11

1枚ずつ折り上げる。

8

（薄い面）　　（厚い面）

開いてCとDを
合わせる。

12

よく折り線をつけて戻す。
裏側も同じように折る。

7

裏側も同じように折り上げる。

PART 3　折って遊べる折り紙

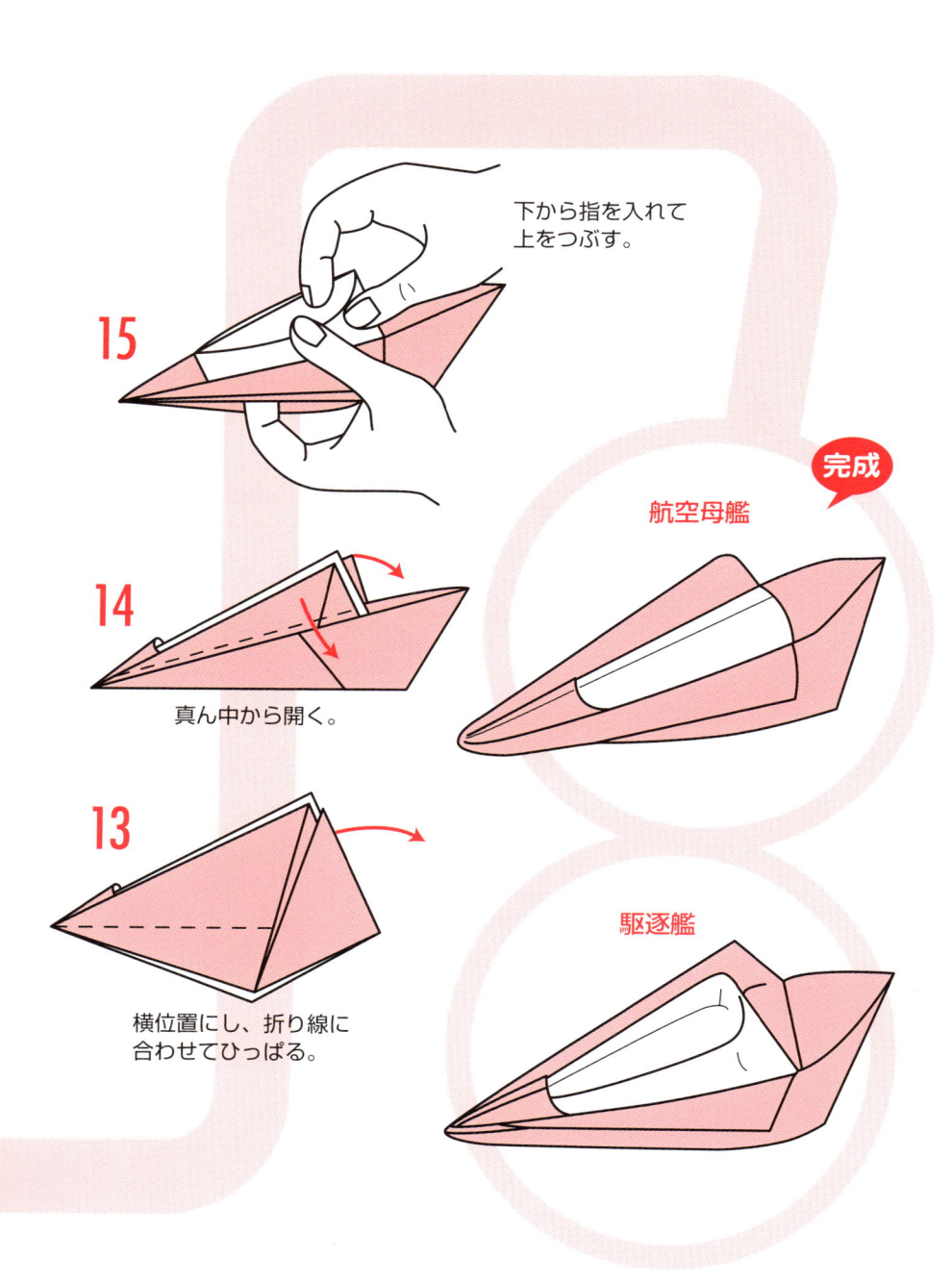

15 下から指を入れて上をつぶす。

完成

航空母艦

14 真ん中から開く。

13 横位置にし、折り線に合わせてひっぱる。

駆逐艦

PART 4

包装紙を使った季節の折り紙

- ◉門松
- ◉鶴の器
- ◉鬼の面
- ◉豆箱
- ◉花の器
- ◉男雛と女雛
- ◉かぶと
- ◉鯉のぼり
- ◉星型の器
- ◉タヌキ
- ◉三方
- ◉クリスマスツリー
- ◉サンタクロース

門松

お正月飾りには欠かせない門松です。緑色の和風でシックな包装紙を使うと、雰囲気がバッチリと出ます。

用紙サイズ 標準サイズ①(A4)より正方形

難易度 ★

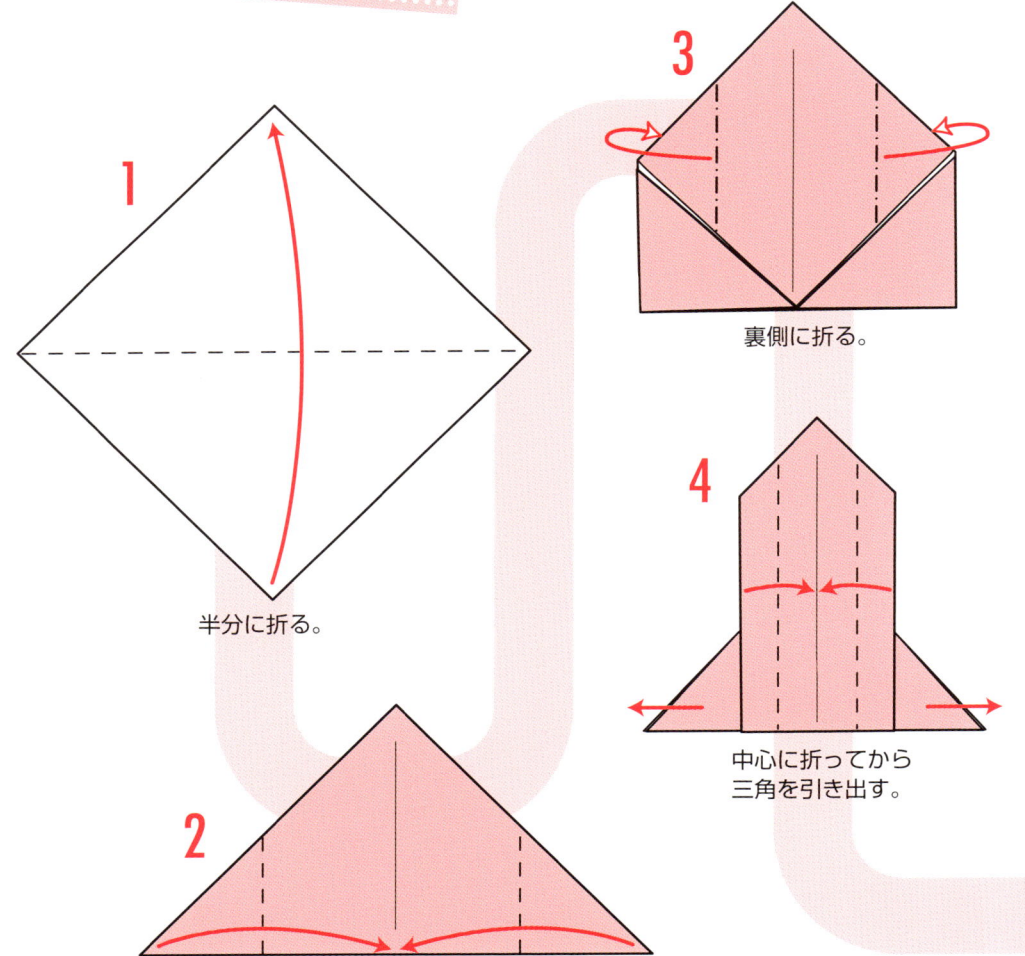

1 半分に折る。

2 中心に向かって半分に折る。

3 裏側に折る。

4 中心に折ってから三角を引き出す。

7

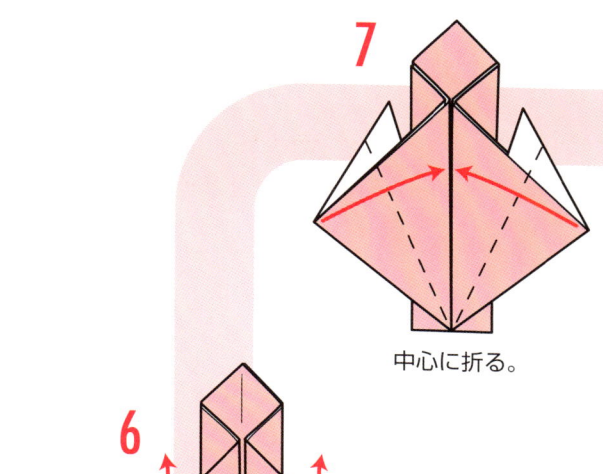

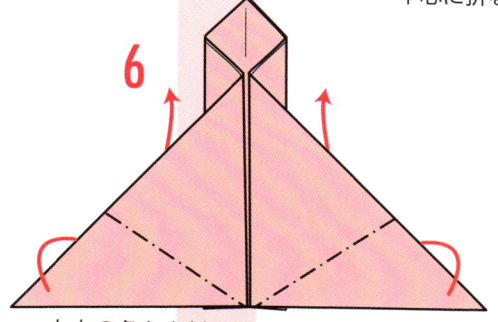

中心に折る。

6

左右の角を中割り折り（35ページ）する。

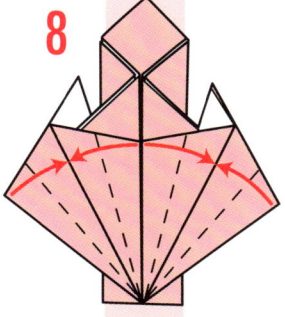

8

折り線に合わせて折る。

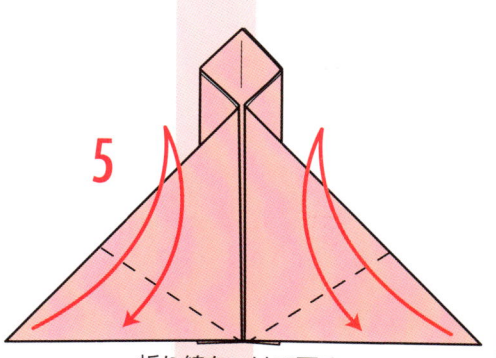

5

折り線をつけて戻す。

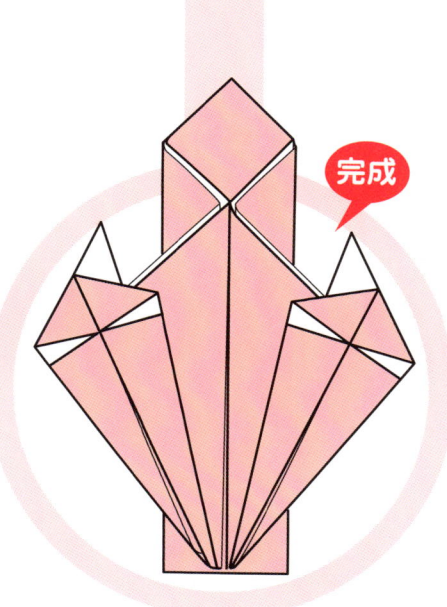

完成

PART **4** 包装紙を使った季節の折り紙

鶴の器 (うつわ)

鶴の頭、羽、尾のついたおしゃれな鶴の器です。模様として使いたい面を裏にして折りましょう。

用紙サイズ 標準サイズ①（A4）より正方形

難易度 ★★★

1 中心に向かって折る。

2

3 折り線をつけて開く。

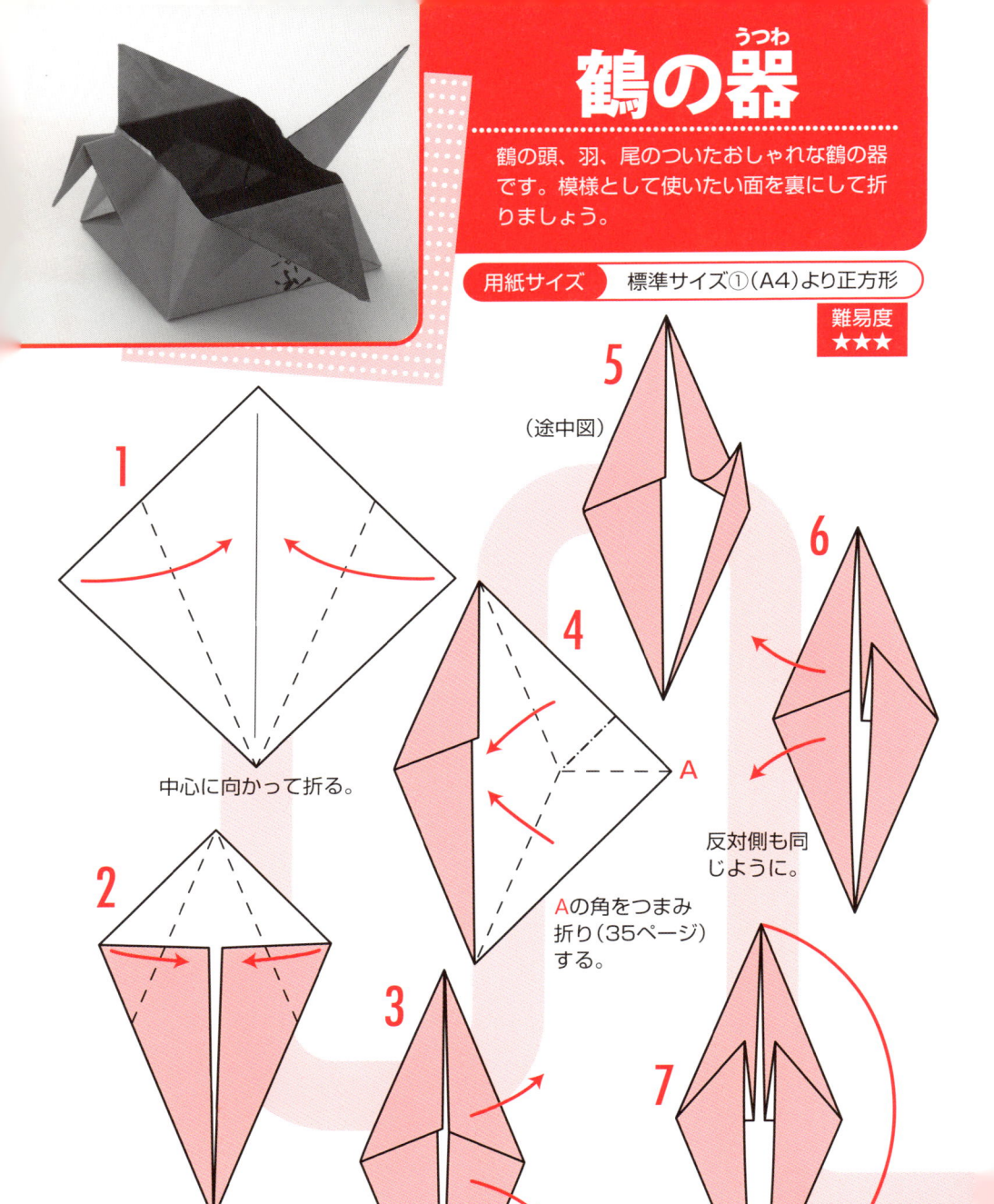

4 Aの角をつまみ折り（35ページ）する。

5 （途中図）

6 反対側も同じように。

7 裏側に折り下げる。

10

C をつまんでひっぱりながら、B を親指と人指し指で広げてつぶす。

11
（途中図）

9
折り線をつけて開く。

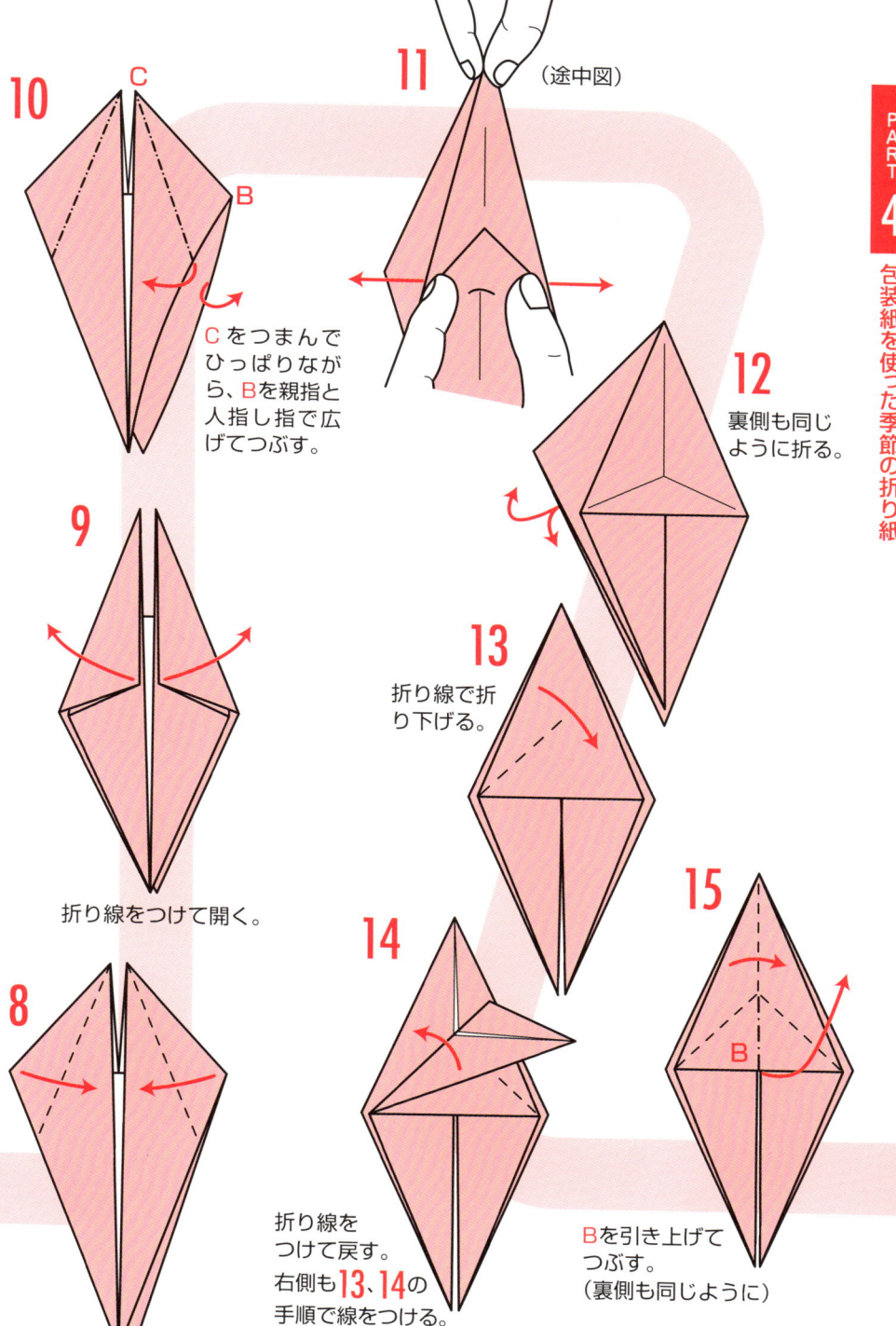

12
裏側も同じように折る。

13
折り線で折り下げる。

8

14
折り線をつけて戻す。
右側も 13、14 の手順で線をつける。

15
B を引き上げてつぶす。
（裏側も同じように）

PART 4 包装紙を使った季節の折り紙

19 図のように折る。

20 折り線をつけて戻す。

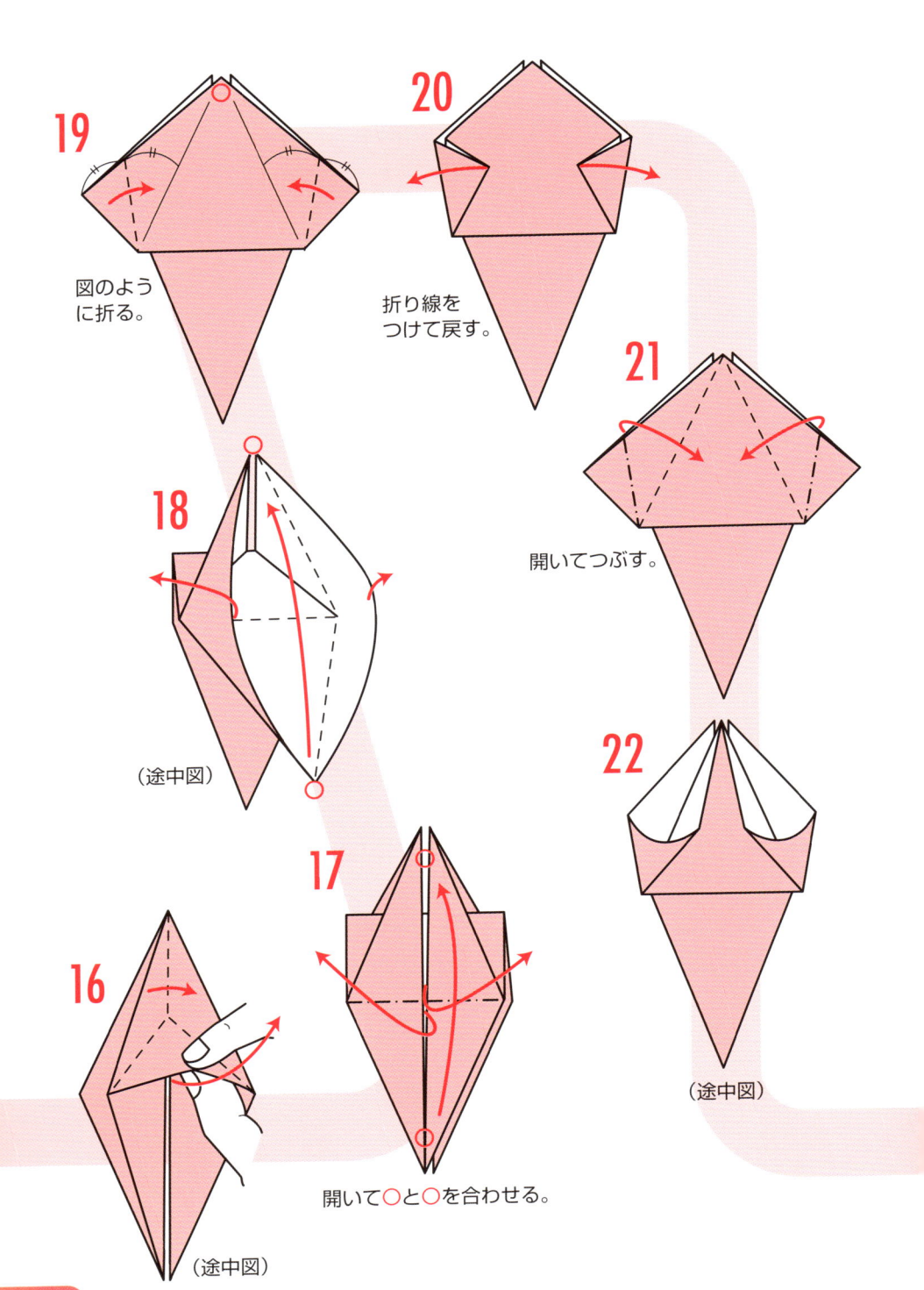

18 （途中図）

21 開いてつぶす。

22 （途中図）

17 開いて○と○を合わせる。

16 （途中図）

25

26

27
中割り折り
（35ページ）する。

28
尾と頭を持って開く。

（途中図）

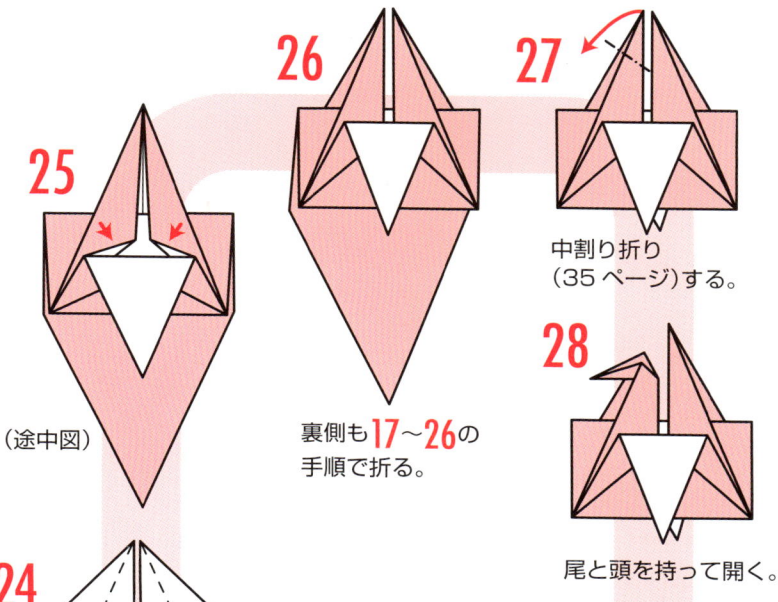

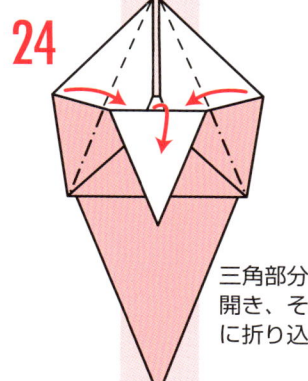

裏側も 17〜26 の手順で折る。

24
三角部分を手前に開き、それぞれ中に折り込む。

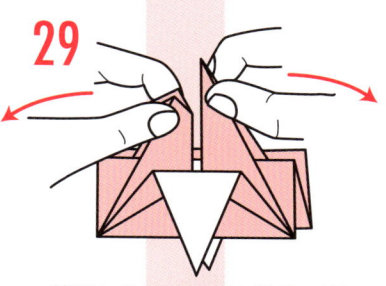

29
箱になるように形を整え、頭、尾、羽の部分をのりでとめる。

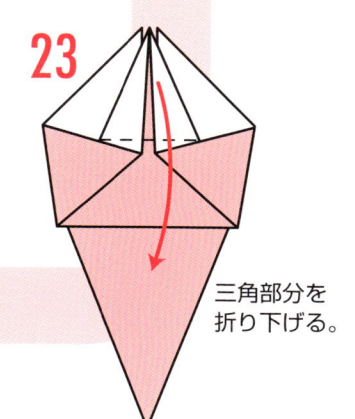

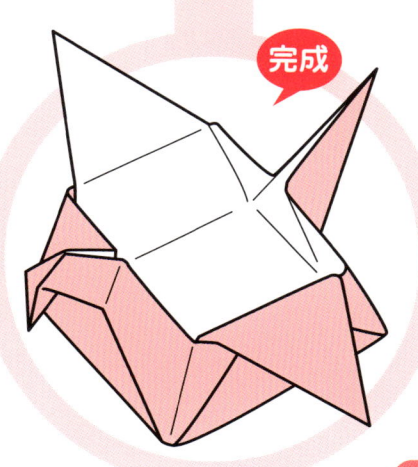

23
三角部分を折り下げる。

完成

PART 4 包装紙を使った季節の折り紙

鬼の面

節分の定番、鬼のお面です。赤や青の包装紙で作ると鬼らしさが出ます。鼻の作り方にコツがいるので折り方を注意してください。

用紙サイズ 標準サイズ①（A4）より正方形

難易度 ★★

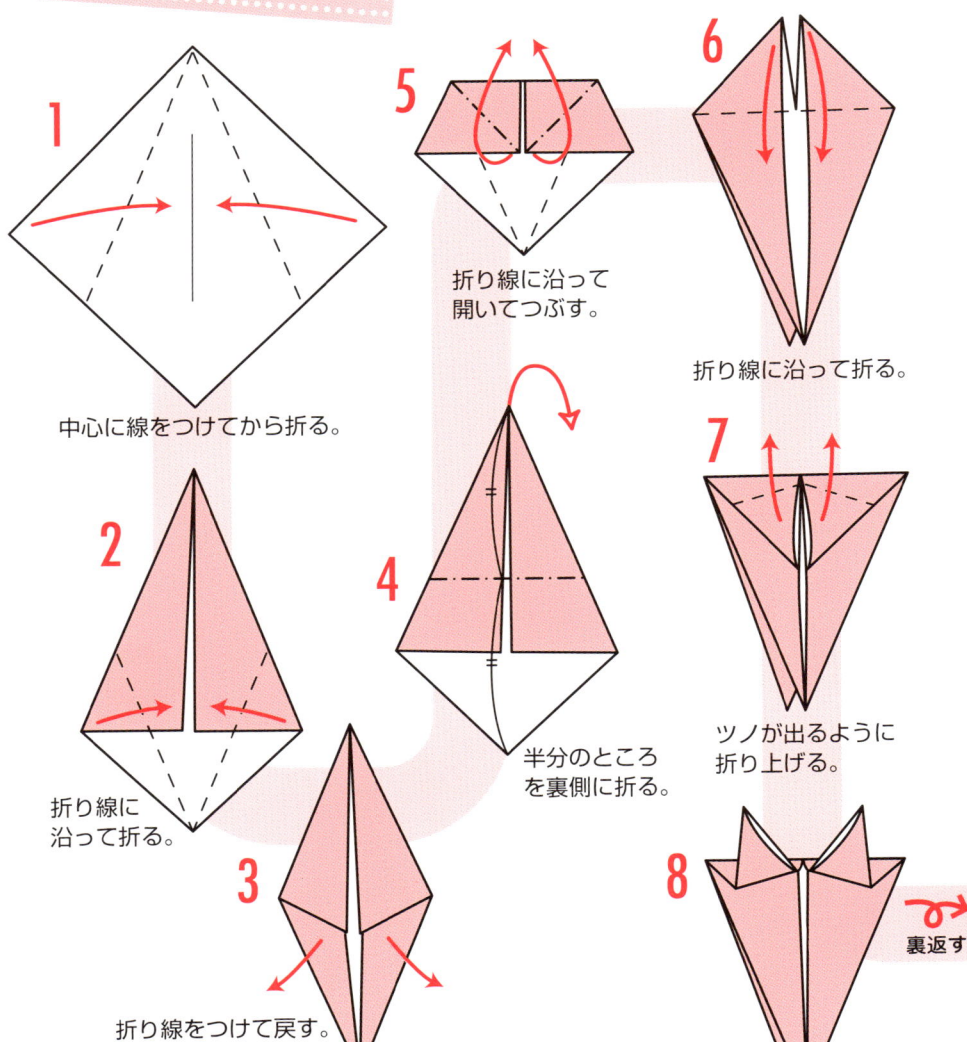

1 中心に線をつけてから折る。

2 折り線に沿って折る。

3 折り線をつけて戻す。

4 半分のところを裏側に折る。

5 折り線に沿って開いてつぶす。

6 折り線に沿って折る。

7 ツノが出るように折り上げる。

8 裏返す

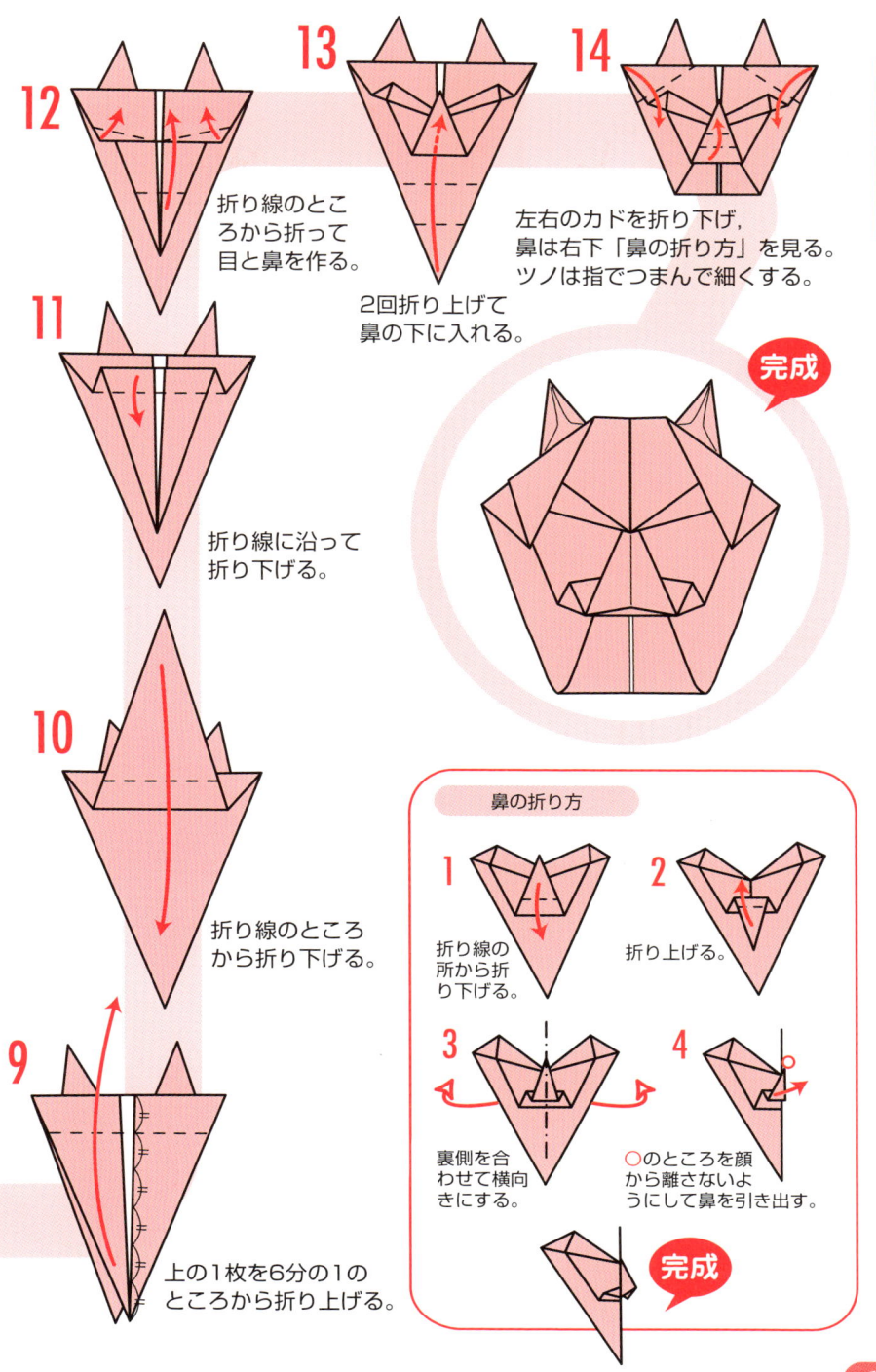

12
折り線のところから折って目と鼻を作る。

13
2回折り上げて鼻の下に入れる。

14
左右のカドを折り下げ、鼻は右下「鼻の折り方」を見る。ツノは指でつまんで細くする。

11
折り線に沿って折り下げる。

10
折り線のところから折り下げる。

9
上の1枚を6分の1のところから折り上げる。

完成

鼻の折り方

1 折り線の所から折り下げる。

2 折り上げる。

3 裏側を合わせて横向きにする。

4 ○のところを顔から離さないようにして鼻を引き出す。

完成

PART 4　包装紙を使った季節の折り紙

豆箱

節分の豆を入れる豆箱です。中に入れる豆の量に合わせてサイズを作り分けるとよいでしょう。

用紙サイズ 標準サイズ①（A4）より正方形

難易度 ★★

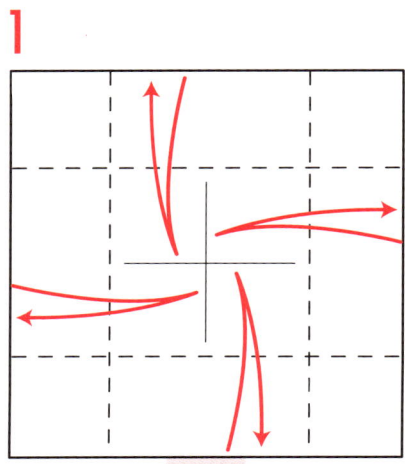

1 中心線をつけてから折り線をつけ、元に戻す。（折り線を強くしっかりとつける。）

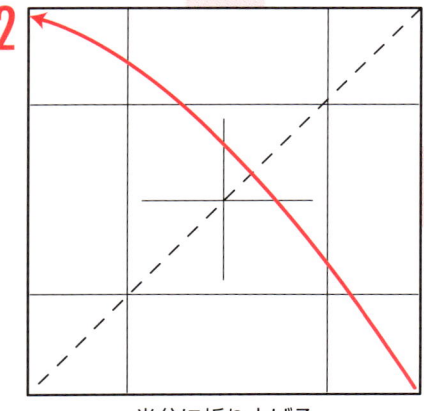

2 半分に折り上げる。

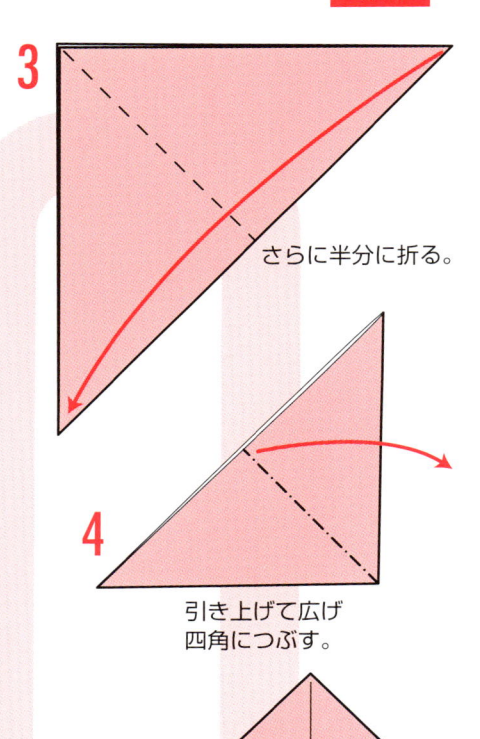

3 さらに半分に折る。

4 引き上げて広げ四角につぶす。

5 裏側も同じように折る。

9
斜めに折る。

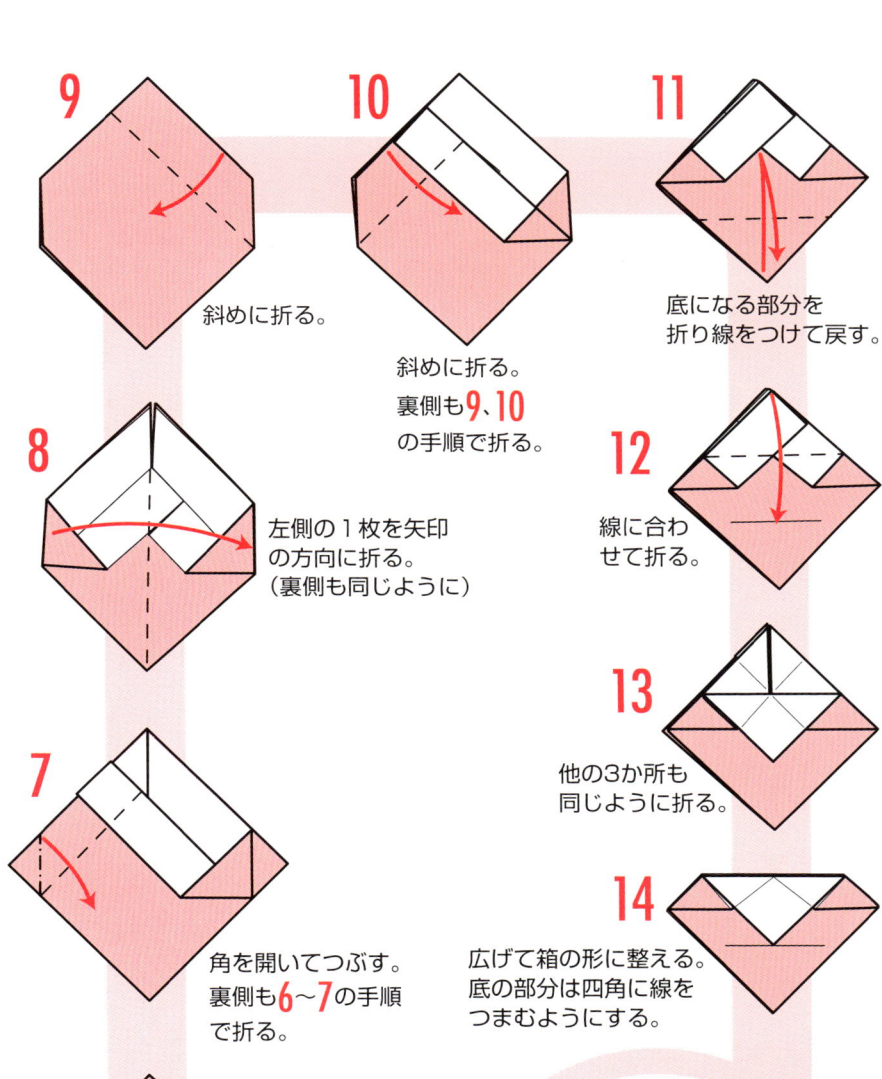

10
斜めに折る。
裏側も 9、10 の手順で折る。

11
底になる部分を折り線をつけて戻す。

8
左側の1枚を矢印の方向に折る。
（裏側も同じように）

12
線に合わせて折る。

7
角を開いてつぶす。
裏側も 6〜7 の手順で折る。

13
他の3か所も同じように折る。

14
広げて箱の形に整える。
底の部分は四角に線をつまむようにする。

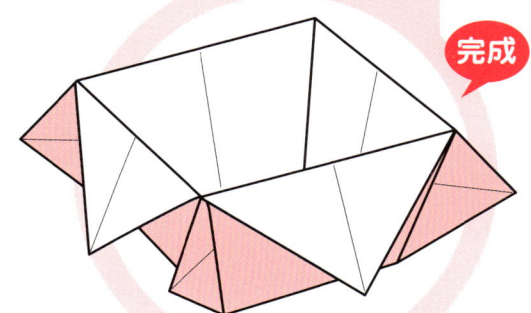

6
1でつけた線に沿って折り、角を開いてつぶす。

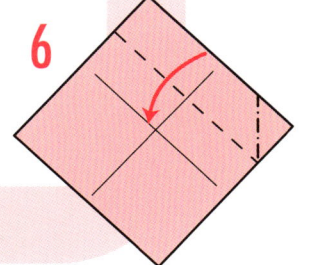

完成

PART 4 包装紙を使った季節の折り紙

花の器

雛あられを入れたい花の器です。桃色の包装紙を使うことで、桃の花を演出できます。

用紙サイズ 標準サイズ①(A4)より正方形

難易度 ★★

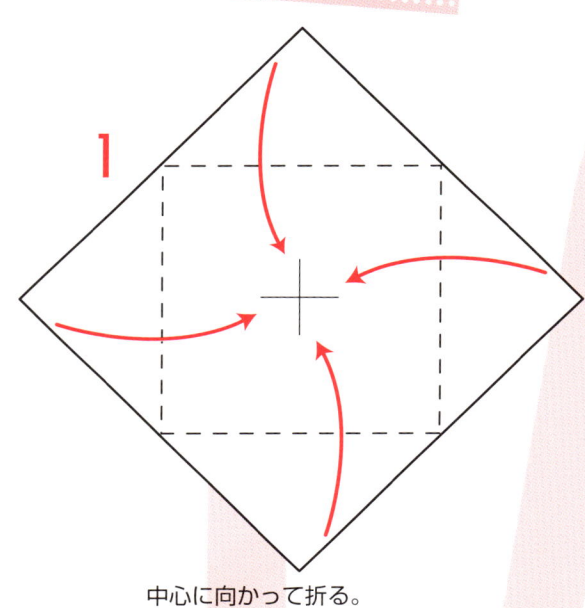

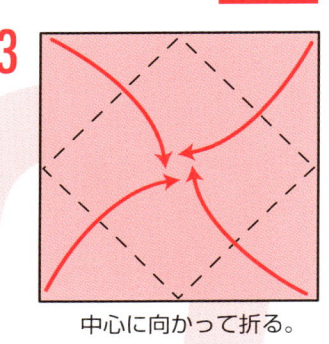

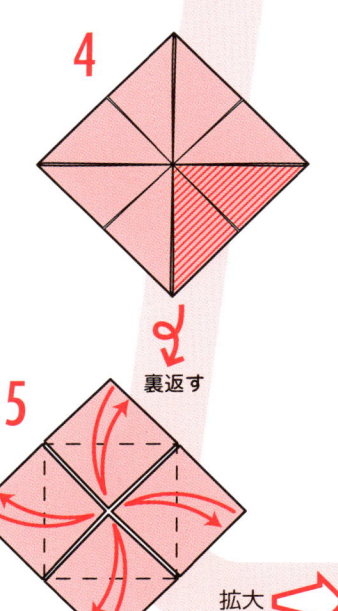

1

中心に向かって折る。

2

裏返す

3

中心に向かって折る。

4

裏返す

5

折り線をつけて戻す。

拡大

138

8

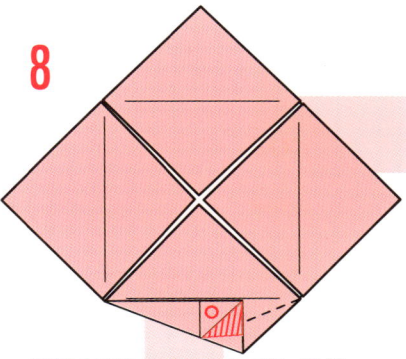

斜線の部分を○の下に差し込む。

POINT 裏側にある**4**の斜線の部分を少し引き出して差し込むと簡単です。

9

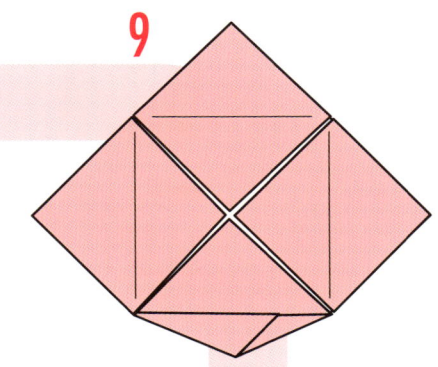

残りの3か所も同じように折る。

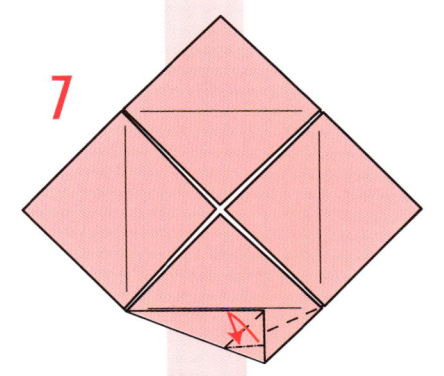

10

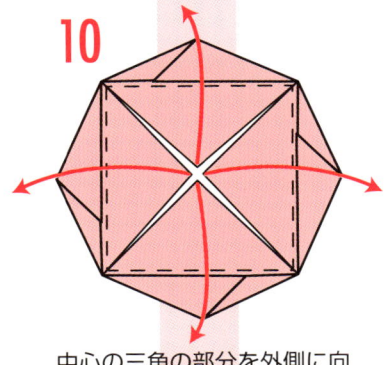

中心の三角の部分を外側に向けて折り、裏返して広げる。

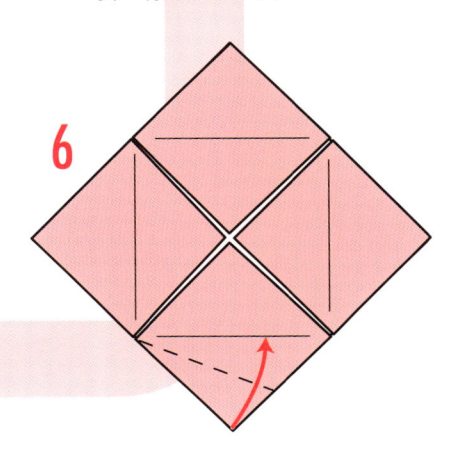

7

折り線をつけて戻す。

6

完成

PART **4** 包装紙を使った季節の折り紙

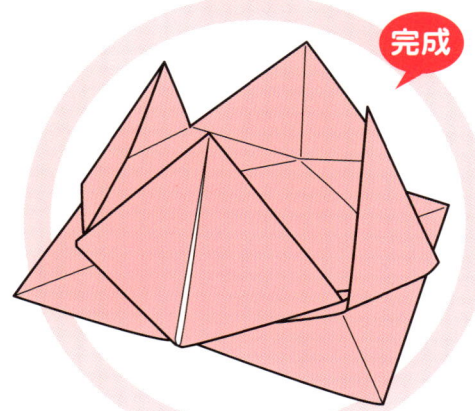

男雛と女雛

雛祭りの定番、雛人形のセットです。頭以外の折り方はほぼ共通です。男雛と女雛で別々の紙を使うとよいでしょう。

用紙サイズ　標準サイズ①（A4）より正方形

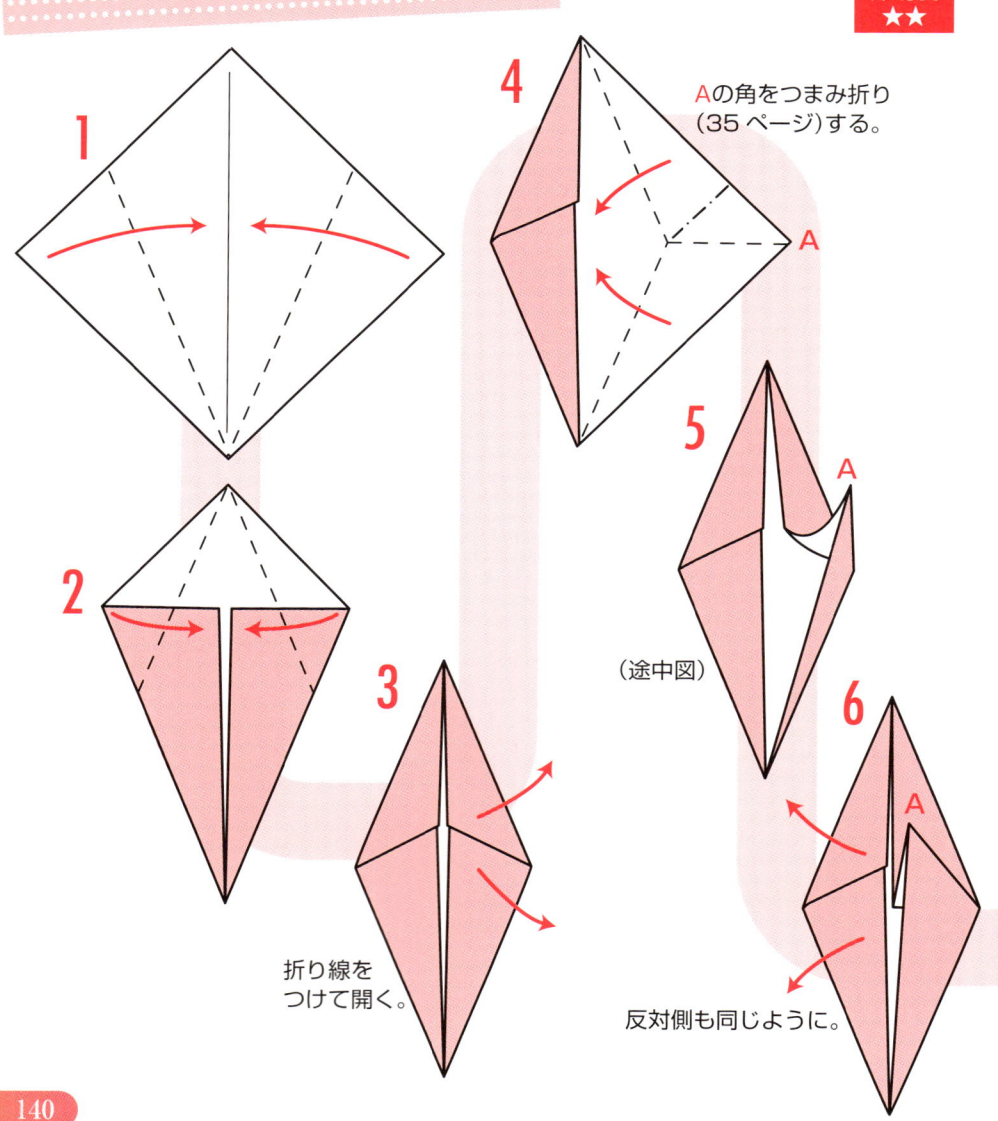

難易度 ★★

1

2

3 折り線をつけて開く。

4 Aの角をつまみ折り（35ページ）する。

5 （途中図）

6 反対側も同じように。

140

9

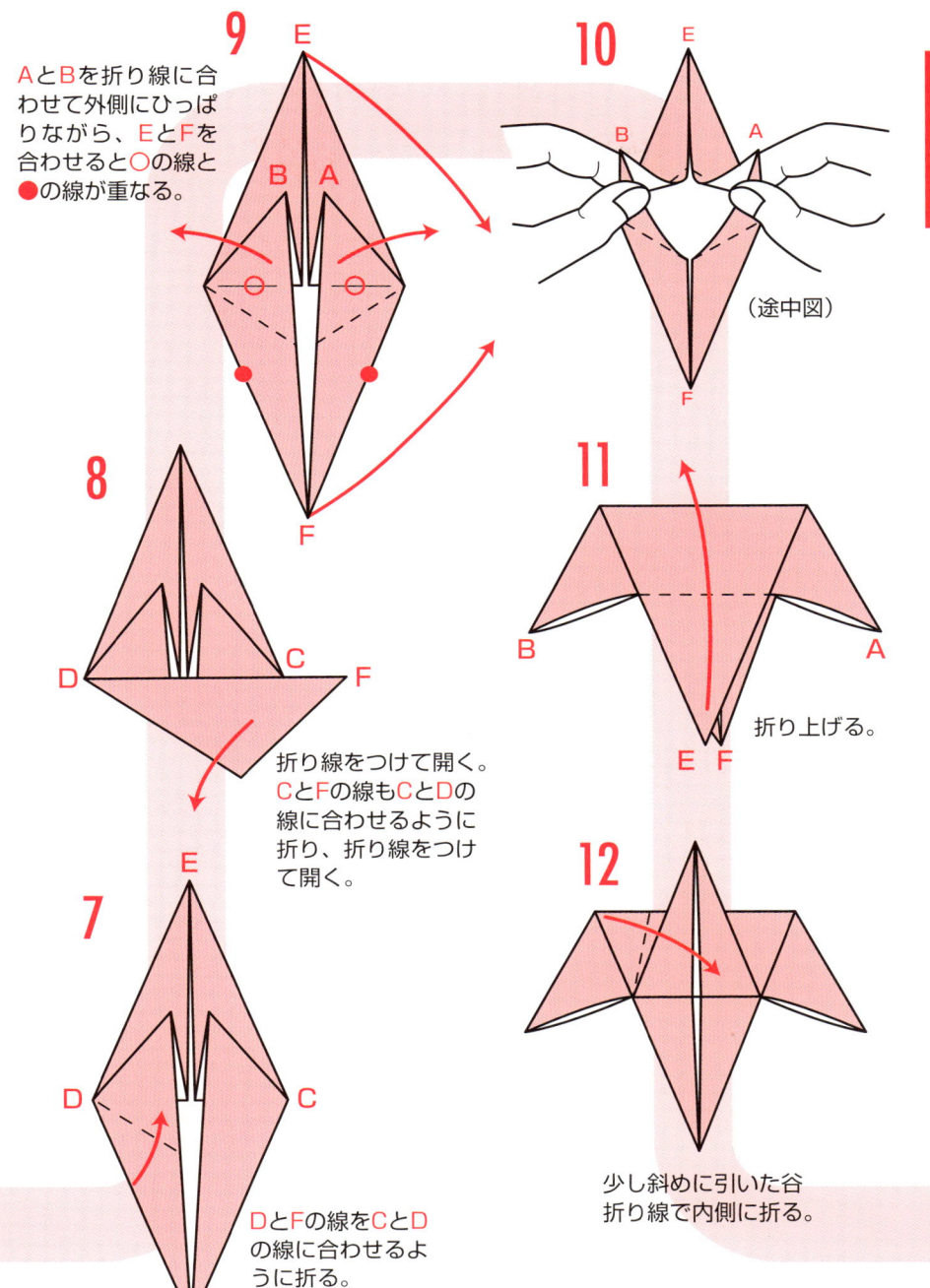

AとBを折り線に合わせて外側にひっぱりながら、EとFを合わせると○の線と●の線が重なる。

10

（途中図）

8

折り線をつけて開く。CとFの線もCとDの線に合わせるように折り、折り線をつけて開く。

11

折り上げる。

7

DとFの線をCとDの線に合わせるように折る。

12

少し斜めに引いた谷折り線で内側に折る。

PART 4 包装紙を使った季節の折り紙

141

15

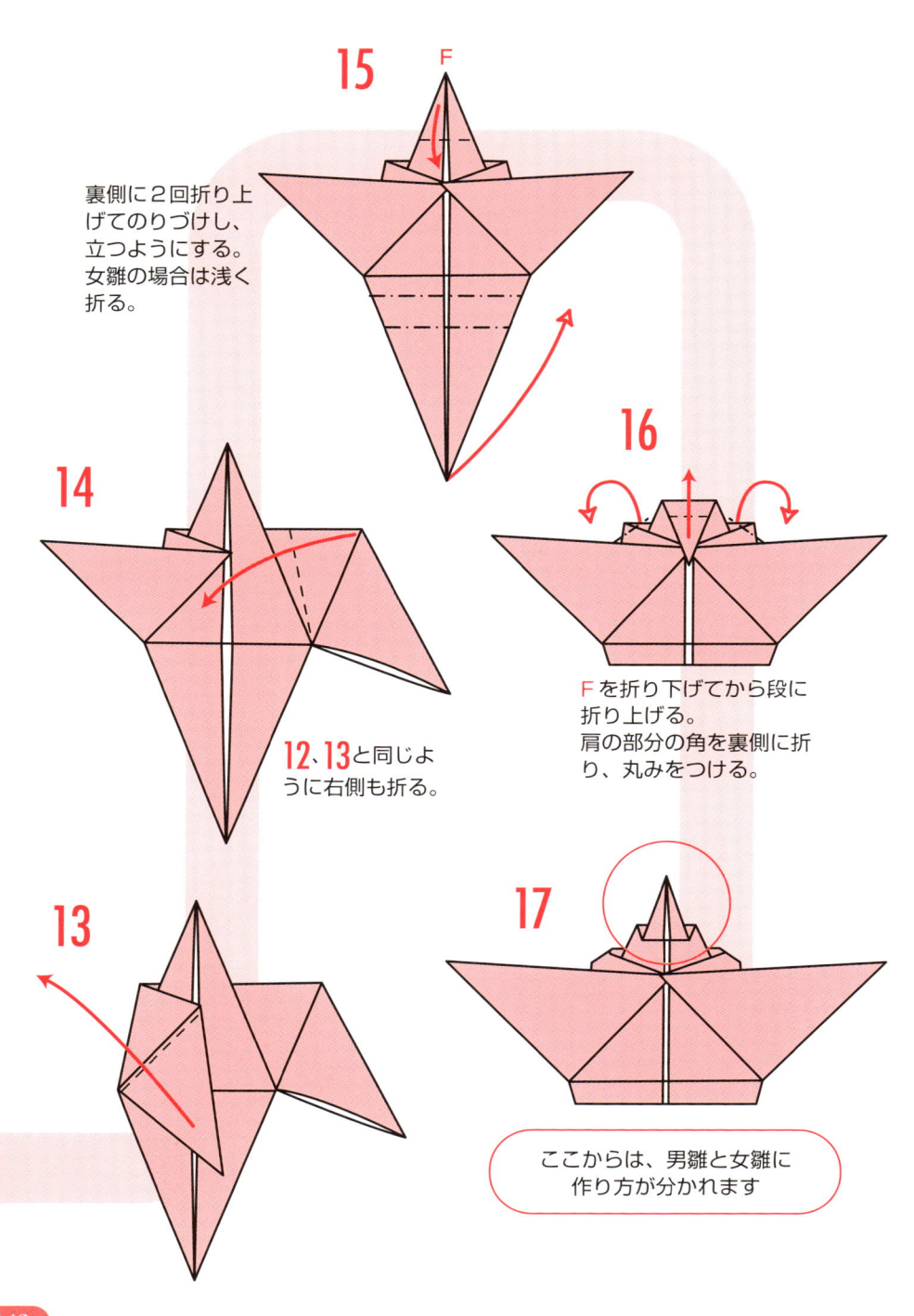

裏側に２回折り上
げてのりづけし、
立つようにする。
女雛の場合は浅く
折る。

14

12、13と同じよ
うに右側も折る。

13

16

Fを折り下げてから段に
折り上げる。
肩の部分の角を裏側に折
り、丸みをつける。

17

ここからは、男雛と女雛に
作り方が分かれます

| 男雛 | 女雛 |

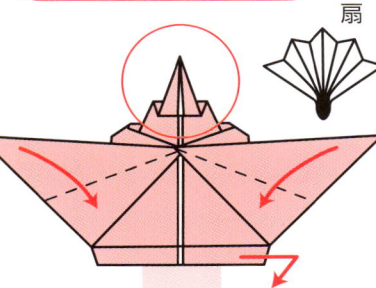

扇

女雛はこの部分を浅く折る。

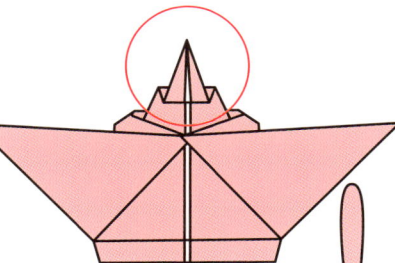

しゃく
（適当な紙を切って作る。）

男雛の頭の折り方

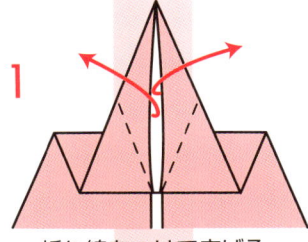

1 折り線をつけて広げる。

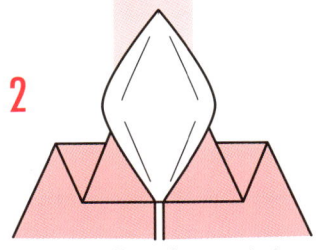

2 頭の部分はピンセットを使うと折りやすい。

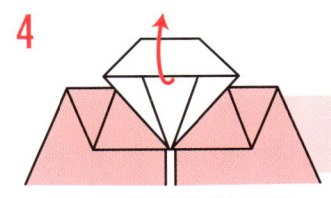

4 持ち上げて立体的にする。

女雛の頭の折り方

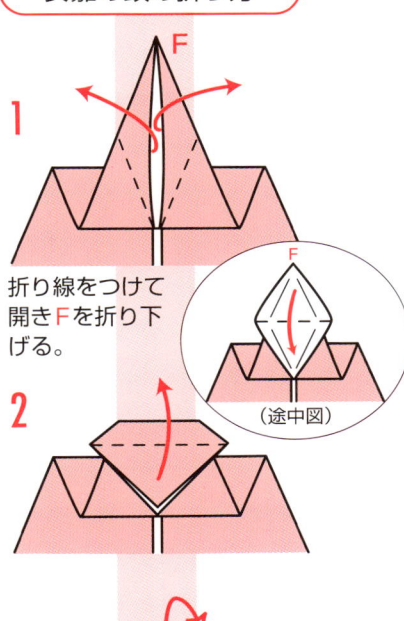

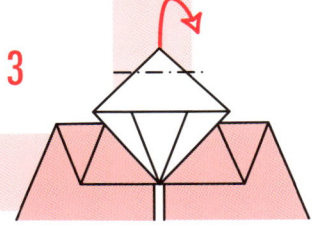

1 折り線をつけて開きFを折り下げる。

（途中図）

2

3 裏側に折る。

PART 4
包装紙を使った季節の折り紙

143

扇の折り方

1 半分に折り上げる。

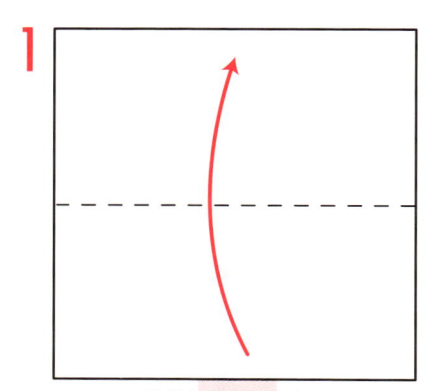

2 さらに半分に折り上げる。

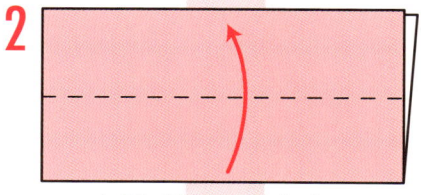

3

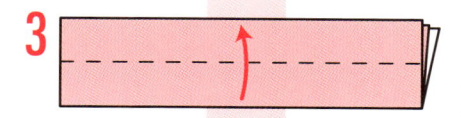

4 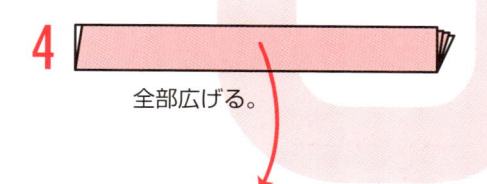 全部広げる。

5 山折り線と谷折り線で互い違いに蛇腹折りする。

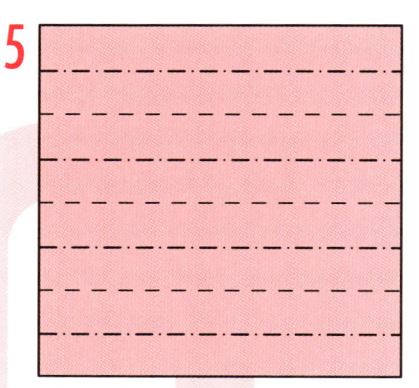

6 ○を合わせるように蛇腹に折った部分を全て折り合わせて、のりでとめる。

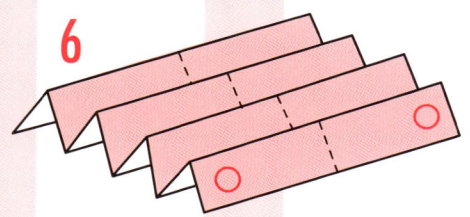

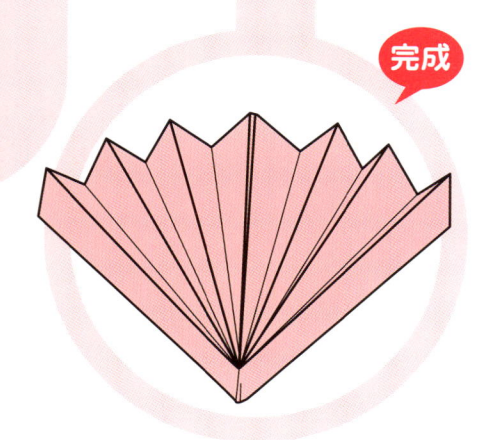

完成

かぶと

端午の節句に飾る、かぶとの飾りものです。和風の包装紙を使って日本らしいかぶとを作ってみましょう。

用紙サイズ 標準サイズ①（A4）より正方形

難易度 ★★

PART 4 包装紙を使った季節の折り紙

1 半分に折る。

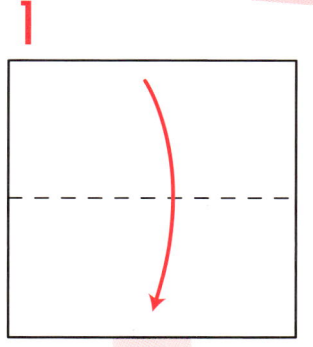

2 さらに半分に折る。

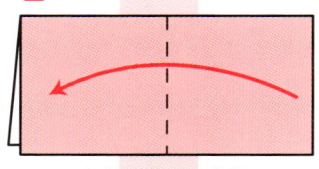

3 開いてつぶす。

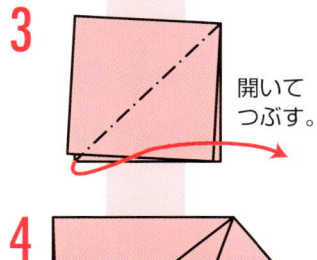

4 （途中図）

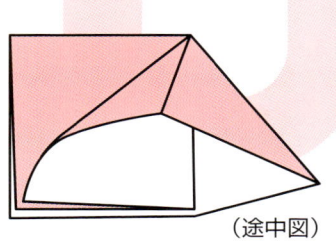

5 裏側も同じように開いてつぶす。

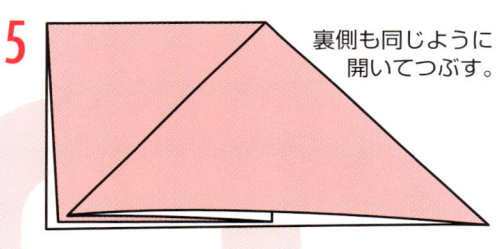

6 上の三角が出るように裏側も一緒に折り上げる。

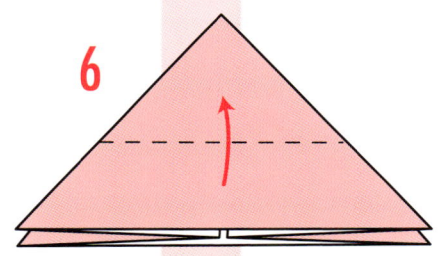

7 内側の袋部分を開いてつぶす。

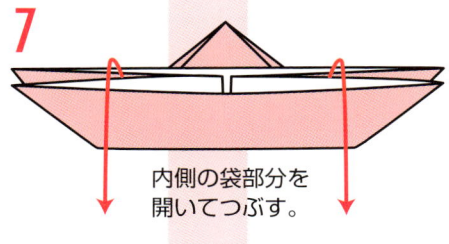

8 （途中図）

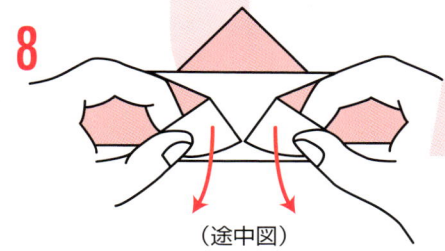

145

13
中割り折り（35ページ）する。

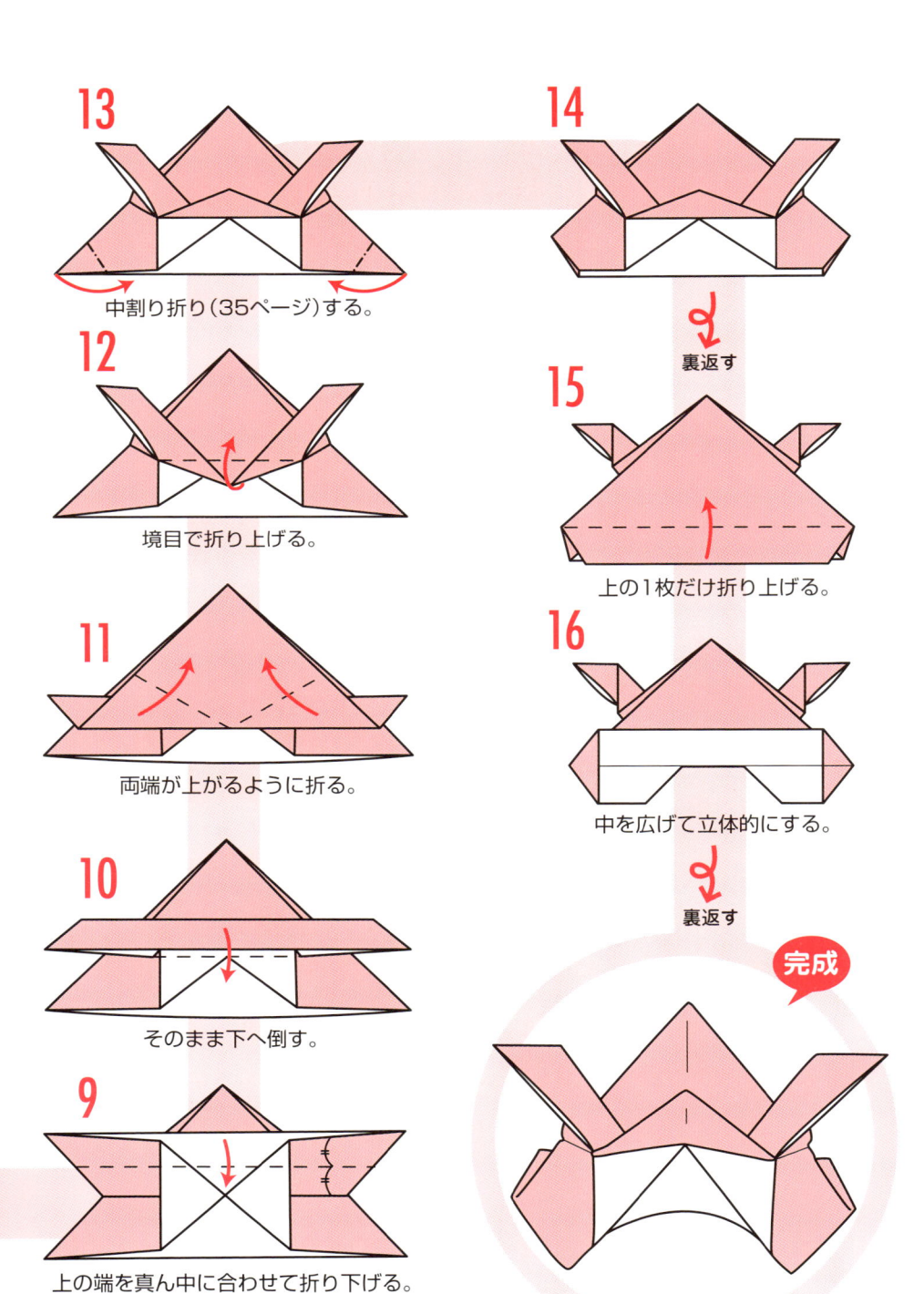

12
境目で折り上げる。

11
両端が上がるように折る。

10
そのまま下へ倒す。

9
上の端を真ん中に合わせて折り下げる。

14
裏返す

15
上の1枚だけ折り上げる。

16
中を広げて立体的にする。

裏返す

完成

146

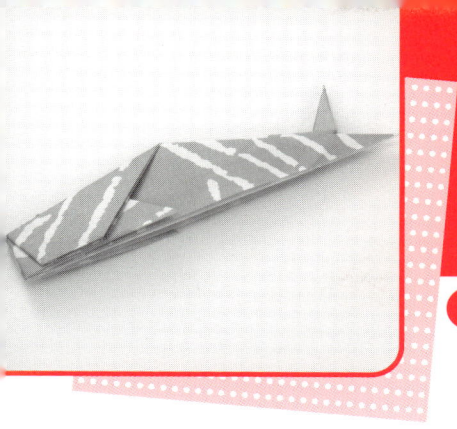

鯉のぼり

鯉のぼりの飾りに使える鯉の折り紙です。シンプルで簡単に作れるので、色々な紙とサイズで作って鯉のぼりを演出しましょう。

用紙サイズ　標準サイズ①（A4）より正方形

難易度　★

PART 4　包装紙を使った季節の折り紙

鶴の器（130ページ）の **7** から始めます。

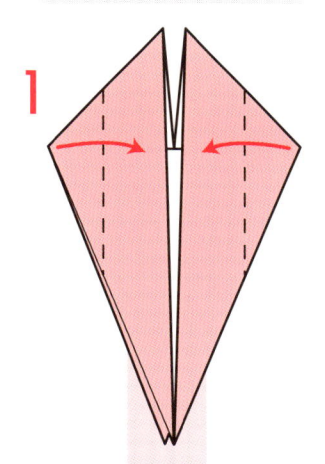

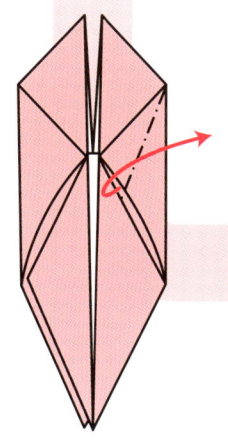

1

2　角を開いてつぶす。

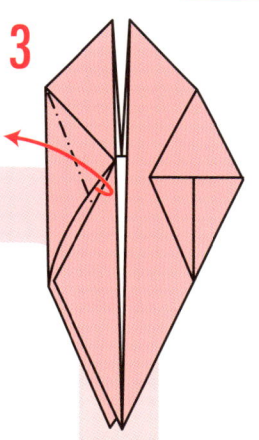

3　反対側も同じように折る。

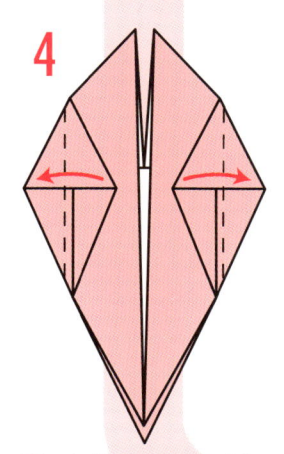

4　開いた部分を半分に折る。

147

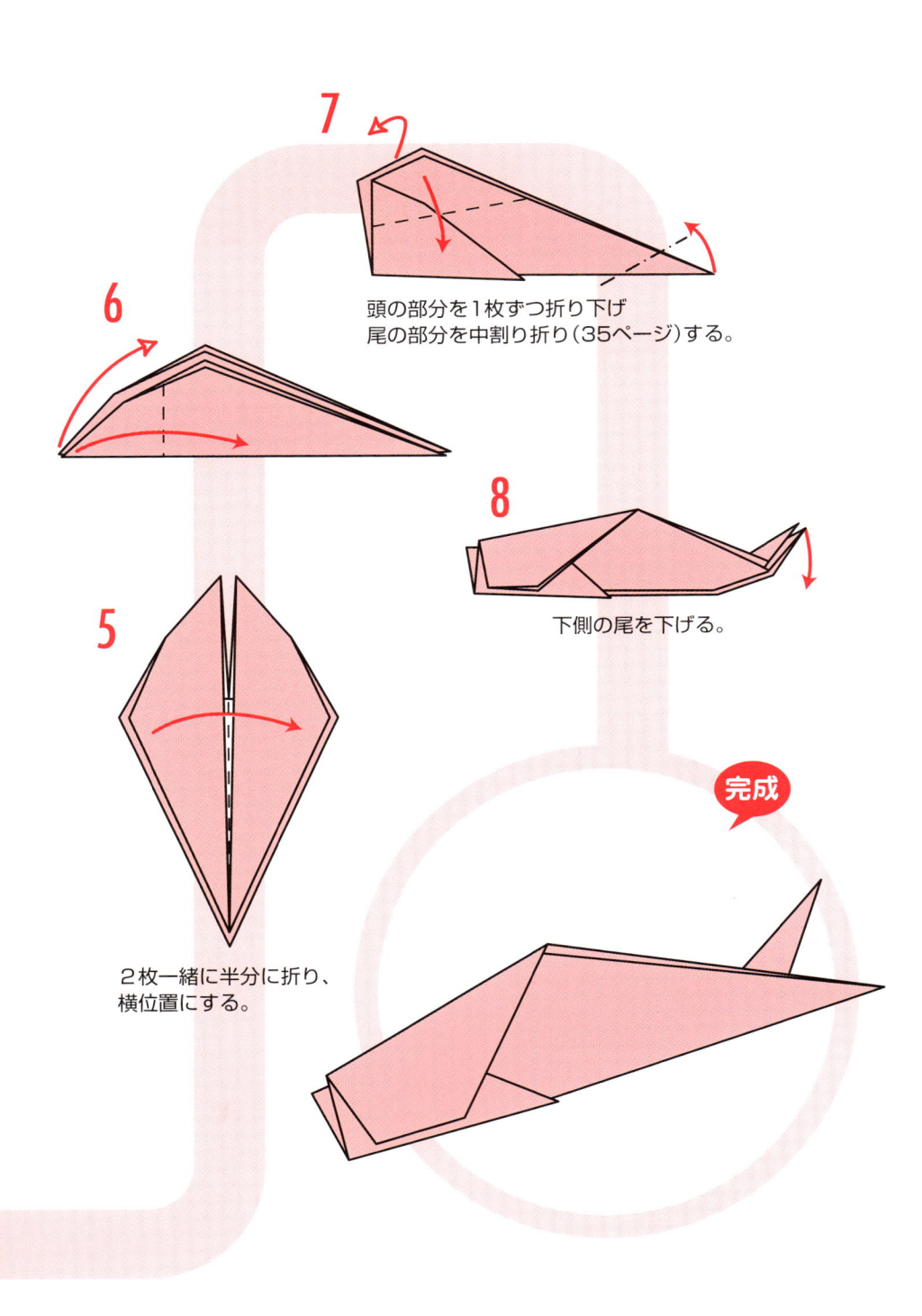

頭の部分を1枚ずつ折り下げ
尾の部分を中割り折り(35ページ)する。

下側の尾を下げる。

2枚一緒に半分に折り、
横位置にする。

完成

星型の器

七夕の夜空に浮かぶ星をイメージした星型の器です。星飾りとしても利用できます。メタリックな包装紙を使うとよいでしょう。

用紙サイズ 標準サイズ①（A4）より正方形

難易度 ★★★

PART 4 包装紙を使った季節の折り紙

1
色を表にして折る。

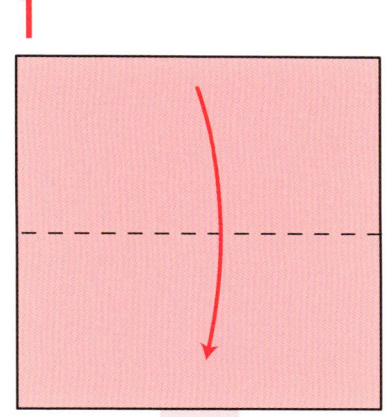

2
右側を手前に左側を裏側に強めに折る。

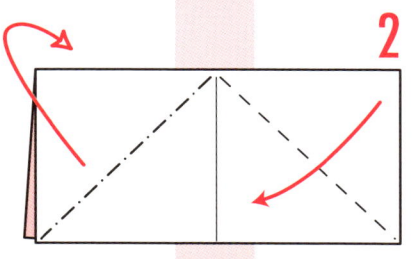

3

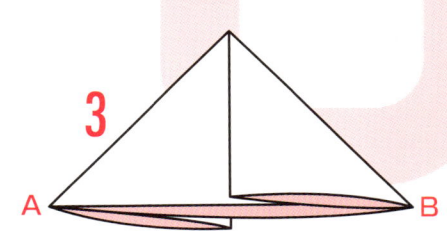

4
中を開いてAとBをくっつけるように折り合わせる。

5
上の1枚を折り上げる。

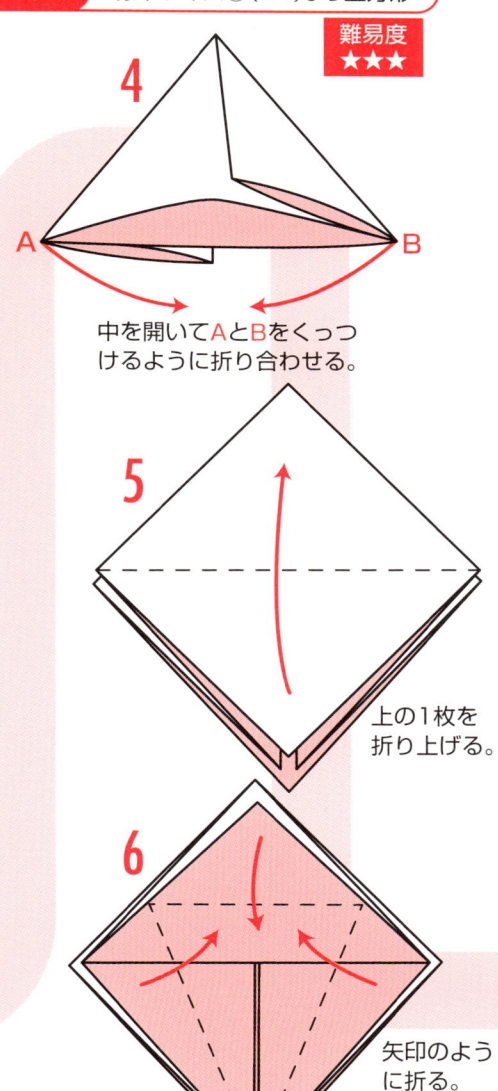

6
矢印のように折る。

149

9

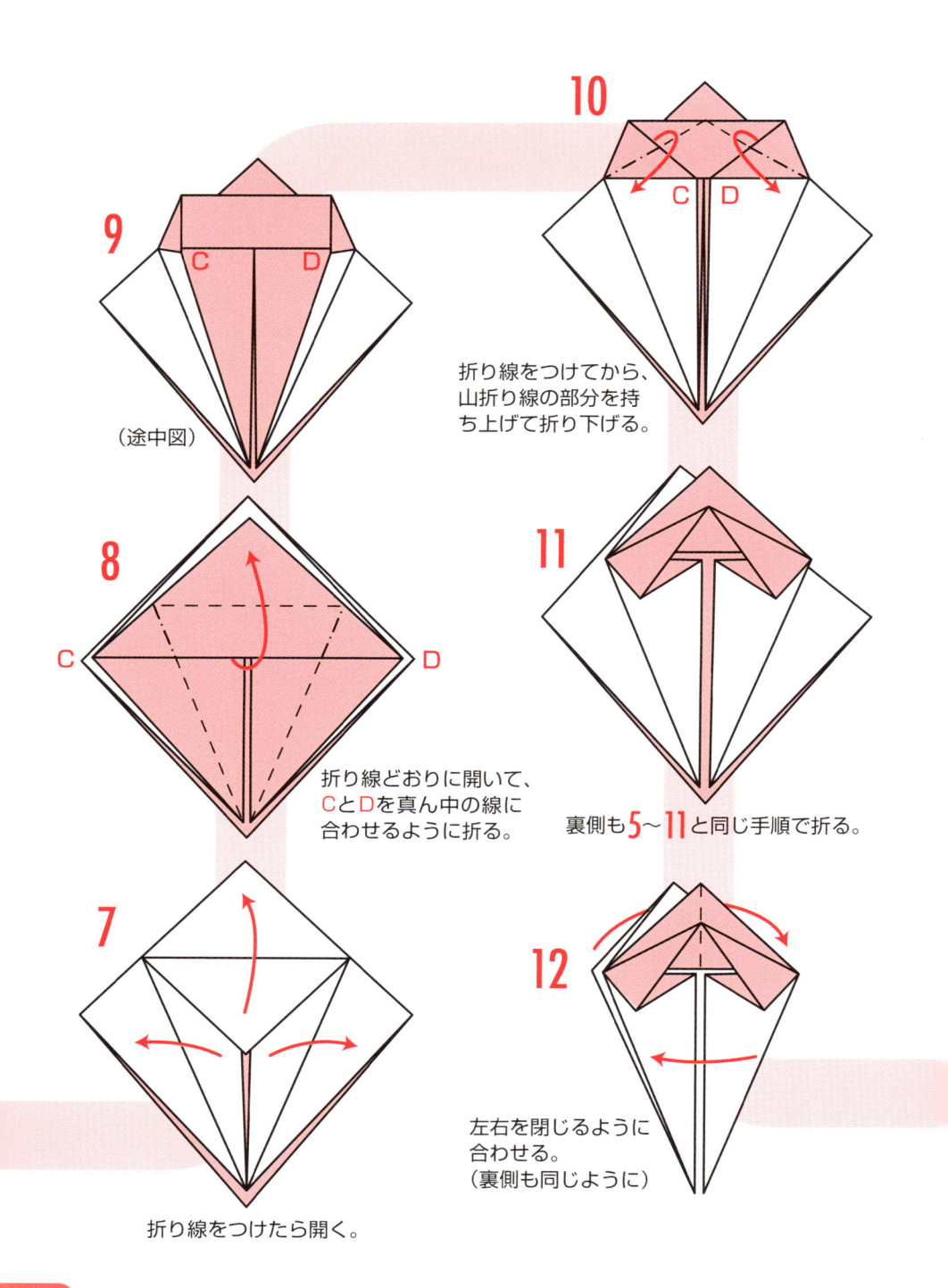

（途中図）

10

折り線をつけてから、山折り線の部分を持ち上げて折り下げる。

8

折り線どおりに開いて、CとDを真ん中の線に合わせるように折る。

11

裏側も 5〜11 と同じ手順で折る。

7

折り線をつけたら開く。

12

左右を閉じるように合わせる。
（裏側も同じように）

15 上下を反転する。

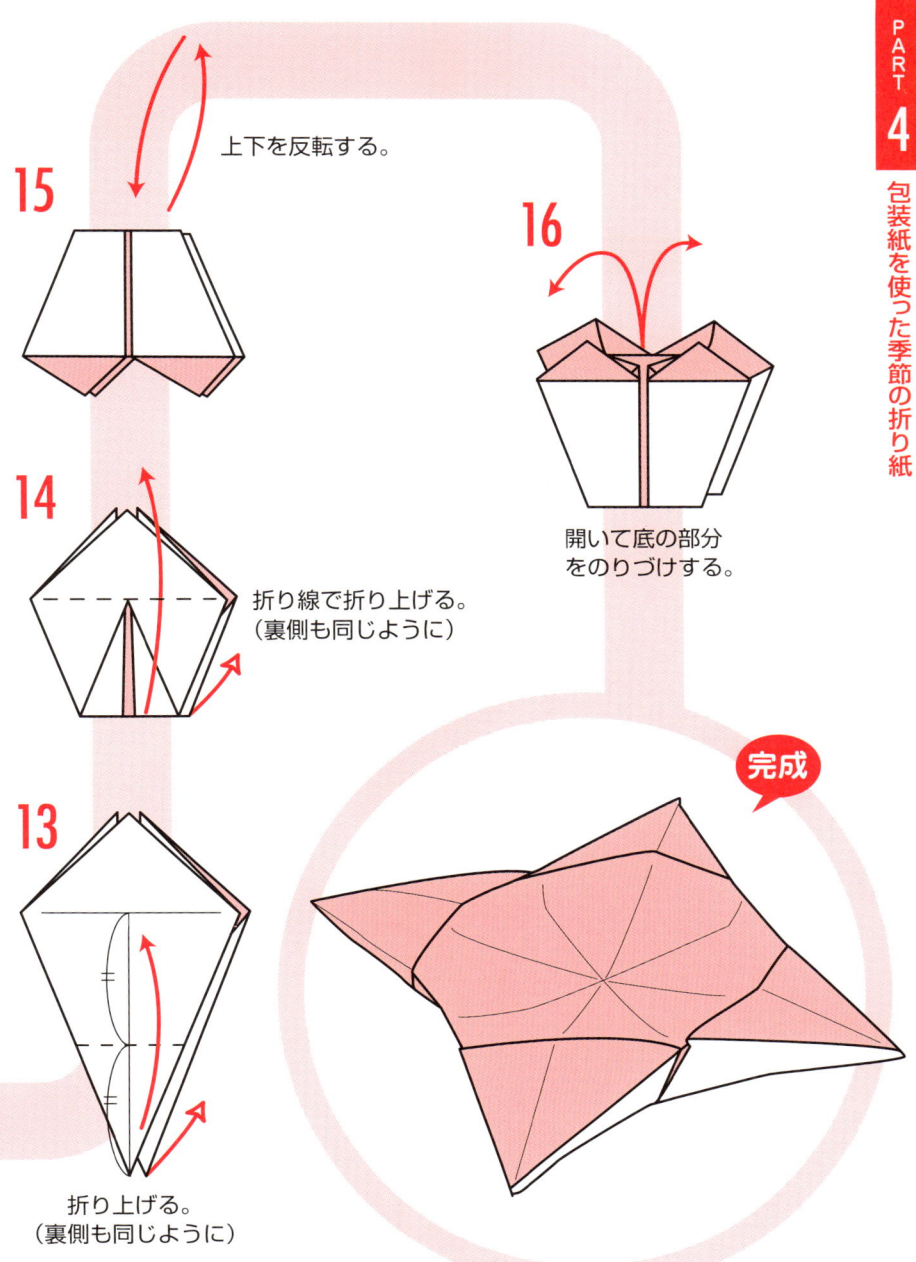

16 開いて底の部分をのりづけする。

14 折り線で折り上げる。（裏側も同じように）

13 折り上げる。（裏側も同じように）

完成

PART 4 包装紙を使った季節の折り紙

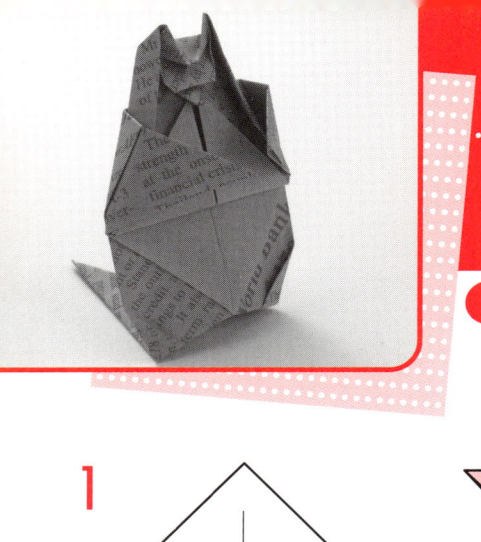

タヌキ

十五夜を祝うタヌキの折り紙です。茶系の包装紙を使ってたくさん作れば、見た目にもにぎやかになります。

用紙サイズ 標準サイズ①（A4）より正方形

難易度 ★★

1 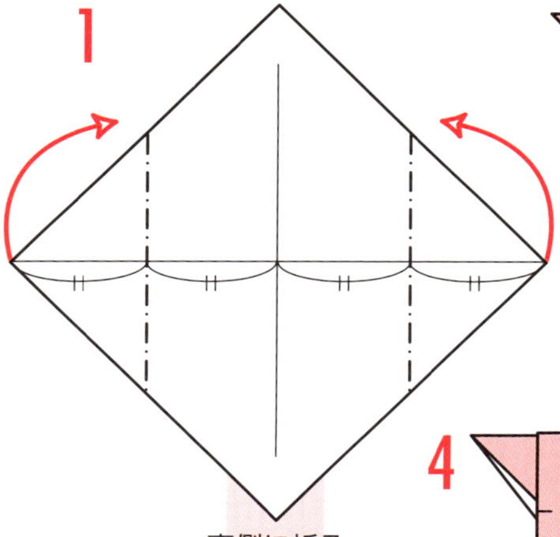
裏側に折る。

2 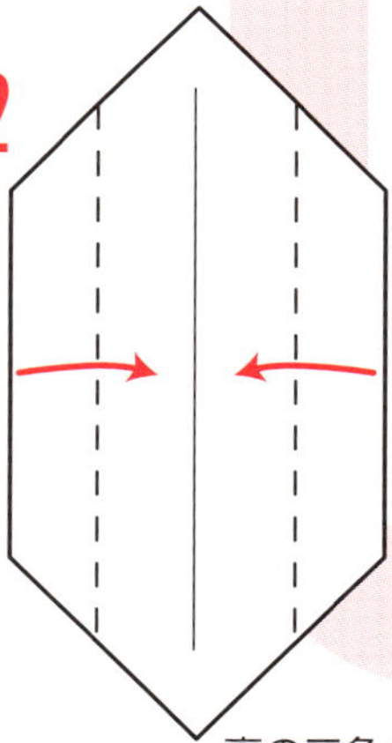
裏の三角が出るように折る。

3

4

5

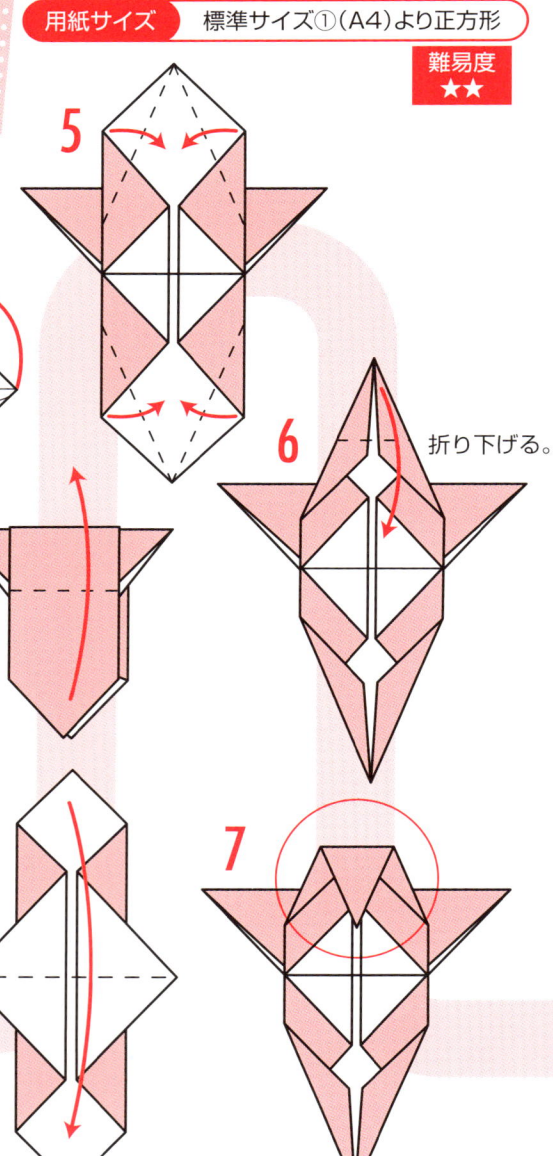

6
折り下げる。

7

12
線の位置で折り下げる。

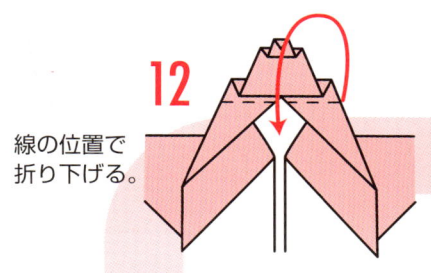

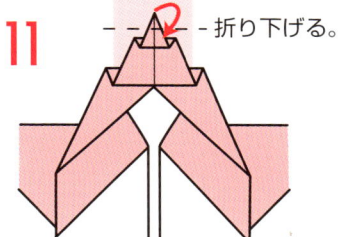

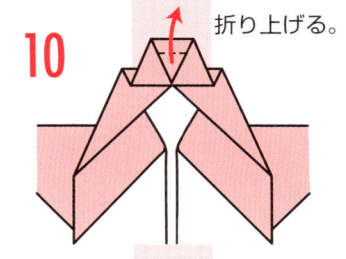

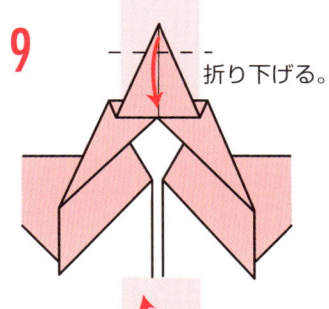

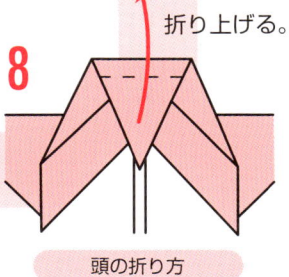

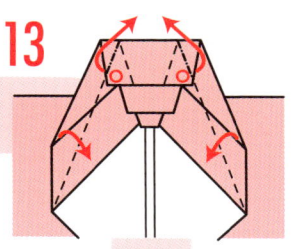

13
両端を手前に折り、○の角を開いてつまむ。

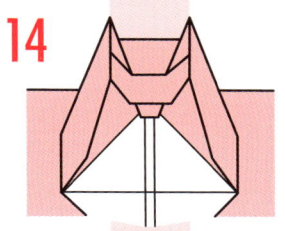

11
折り下げる。

14
つまんだ部分はつぶさないで立体的にしておく。

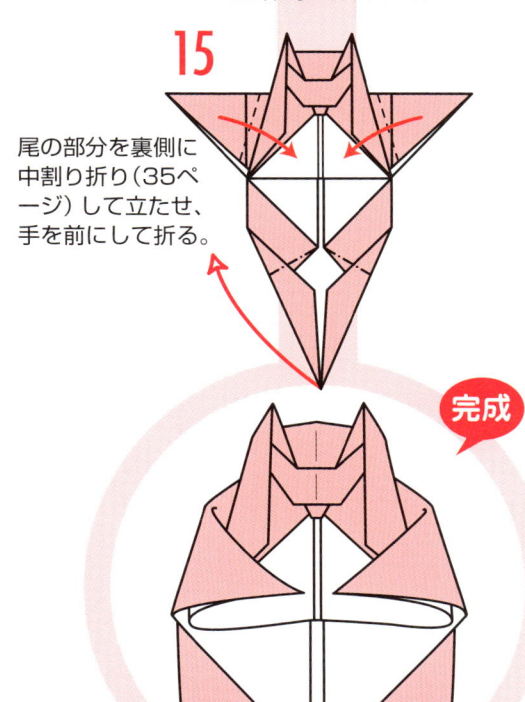

10
折り上げる。

15
尾の部分を裏側に中割り折り（35ページ）して立たせ、手を前にして折る。

9
折り下げる。

8
折り上げる。

頭の折り方

完成

PART 4 包装紙を使った季節の折り紙

153

三方
さんぼう

神様へのお供えものに使う三方です。大きいサイズの包装紙を使えば、菓子箱としても利用できます。

用紙サイズ　標準サイズ①（A4）より正方形

難易度　★

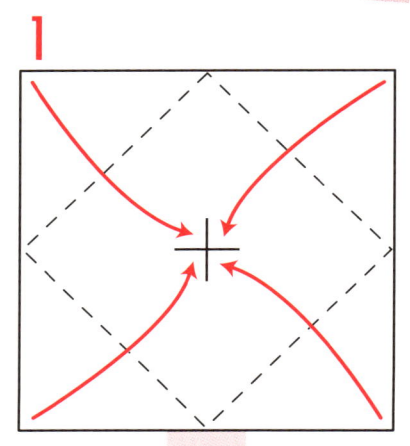

1 中心に向かって折る。

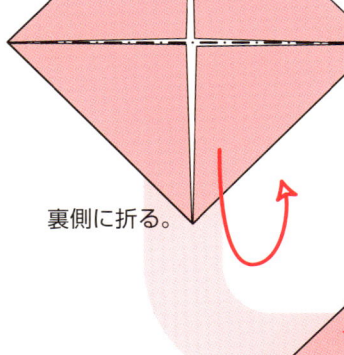

2 裏側に折る。

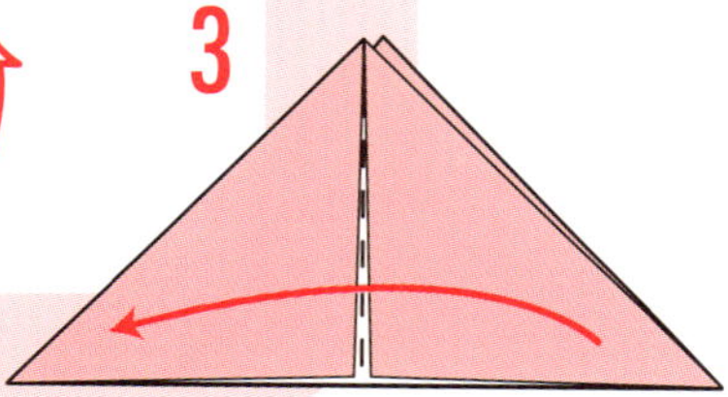

3 半分に折る。

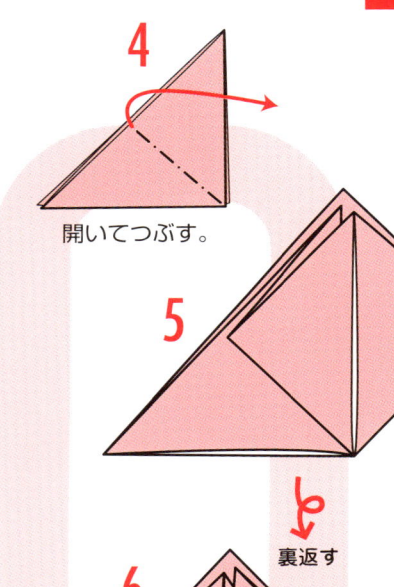

4 開いてつぶす。

5 裏返す

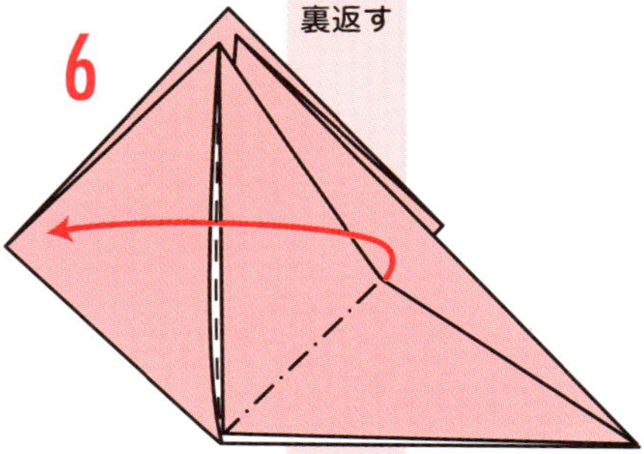

6 開いてつぶす。

10
さらに半分に折る。
（裏側も同じように）

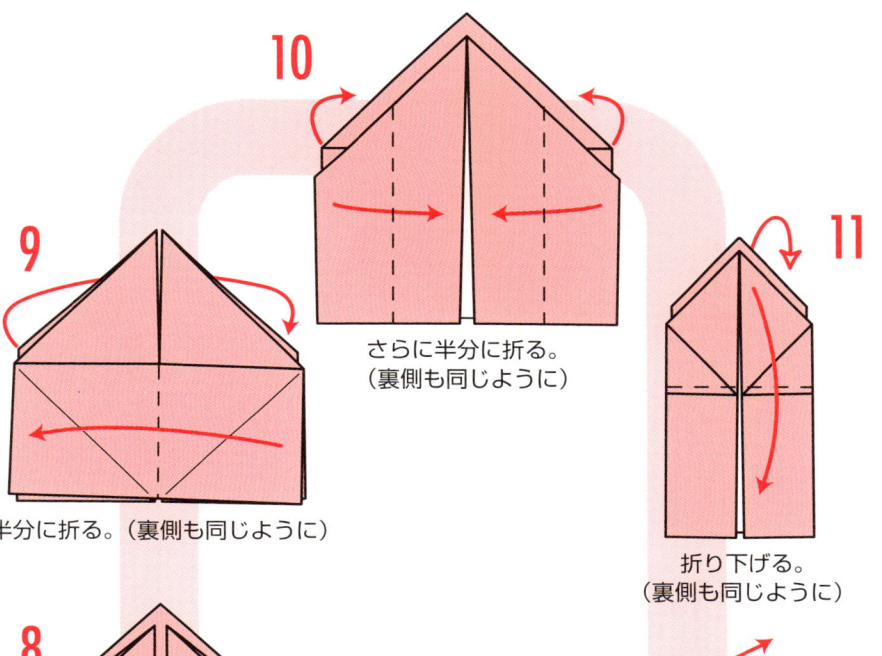

9
半分に折る。（裏側も同じように）

11
折り下げる。
（裏側も同じように）

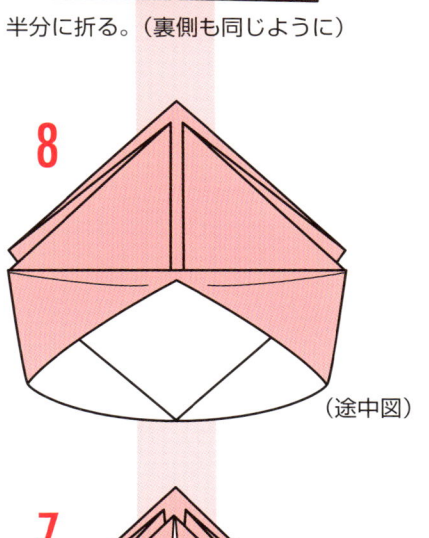

8
（途中図）

12
内側を開く。

7
開いてつぶす。（裏側も同じように）

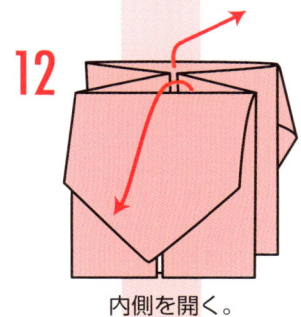

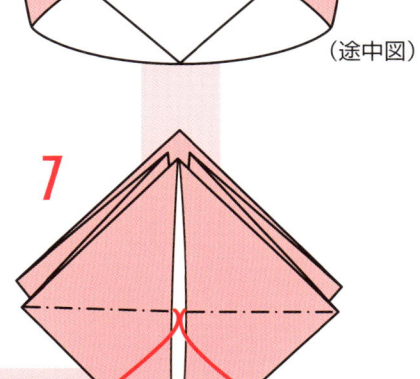

完成

PART 4 包装紙を使った季節の折り紙

155

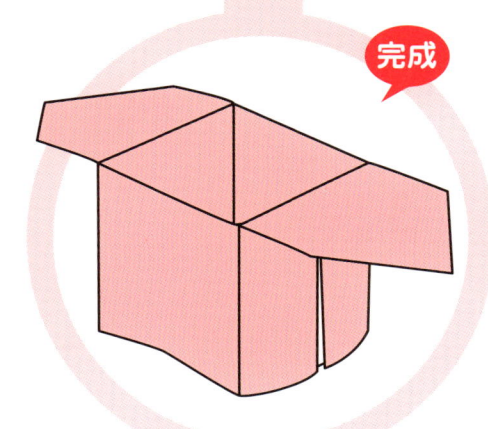

クリスマスツリー

クリスマスツリーのモミの木の折り紙です。緑の包装紙だけでなく、さまざまな色の包装紙で作ってみましょう。

用紙サイズ 標準サイズ①(A4)より正方形

難易度 ★

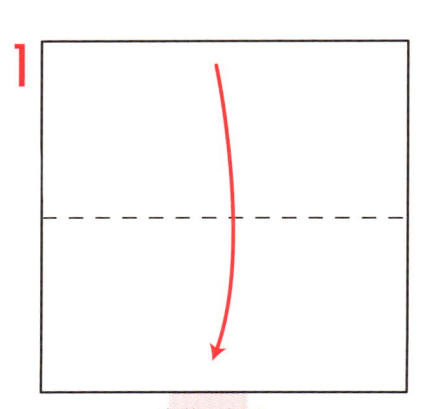

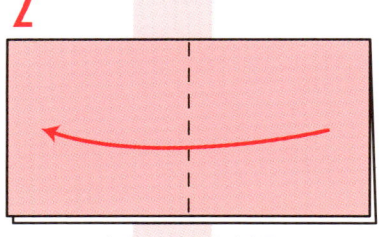

1 半分に折る。

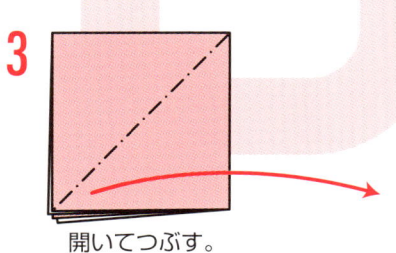

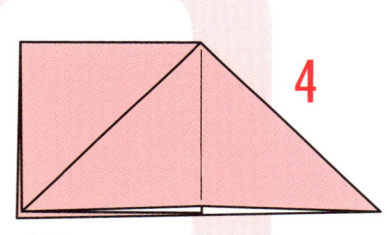

2 さらに半分に折る。

3 開いてつぶす。

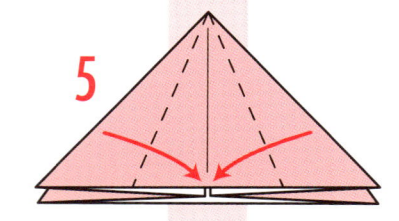

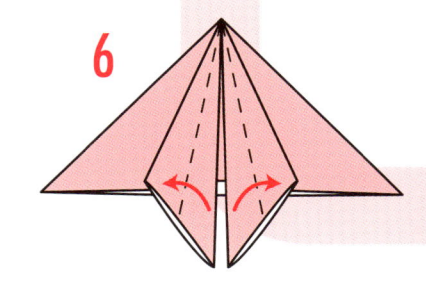

4 裏側も開いてつぶす。

5

6

9

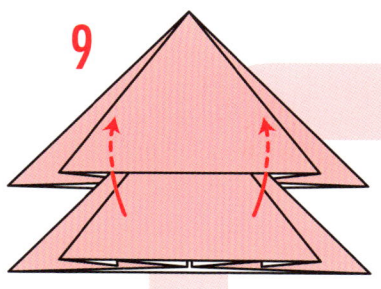

小さい三角の袋の部分に差し込んでいく。

8

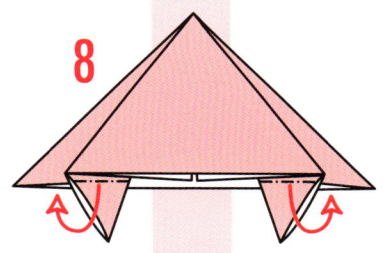

三角の部分を大きな三角の袋の中に折り込む。

7

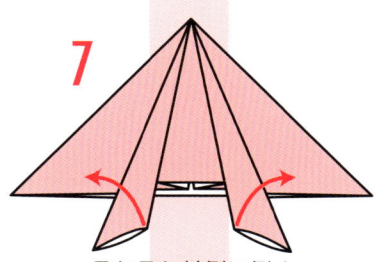

それぞれ外側に倒す。

星の飾りは星型コースター（46ページ）と共通の折り方です。

サイズについて

以下のサイズの用紙を使うと完成図のように作れます。

1段目：170㎜×170㎜
2段目：180㎜×180㎜
3段目：190㎜×190㎜
4段目：200㎜×200㎜
5段目：210㎜×210㎜
6段目：200㎜×200㎜

PART 4 包装紙を使った季節の折り紙

完成

木は紙を細く折りたたんで作る。

サンタクロース

クリスマスツリーとセットで飾りたいサンタクロースです。裏が白い包装紙を使うとサンタの形が分かりやすく作れます。

用紙サイズ 標準サイズ①(A4)正方形の$\frac{1}{2}$

難易度 ★★

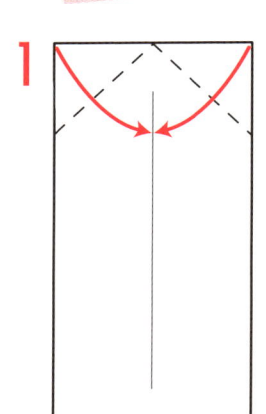

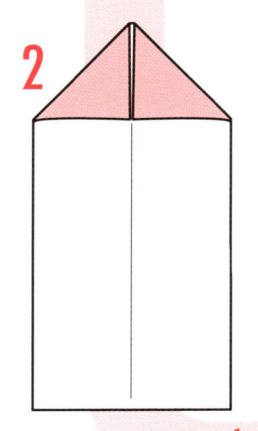

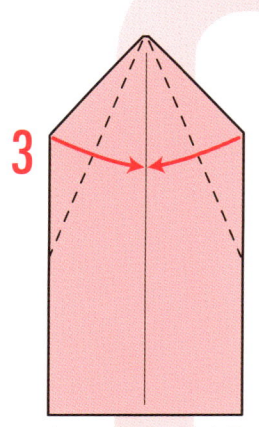

1 中心に折る。

2 裏返す

3 裏の三角が出るように少し浮かせて折る。

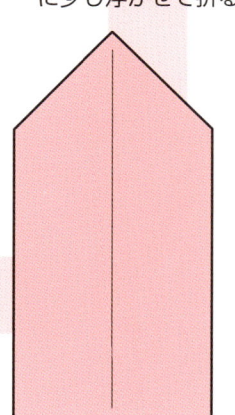

4 半分に折り下げる。

5 開いてつぶす。

6 中心の三角が出るように裏側に折る。

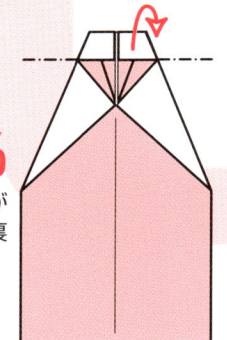

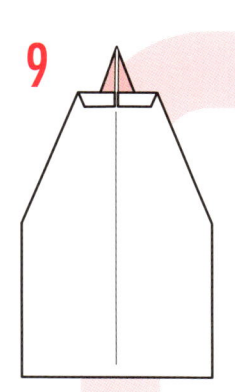

10
左右の帽子からの山折り線の先に合わせて、折り上げる。 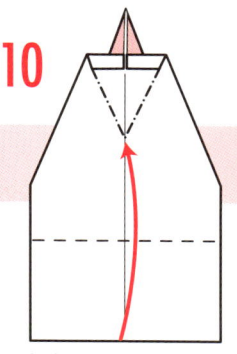

11
顔の山折り線は指で軽くつまむように三角の輪郭を作る。
中心の山折り線は裏側に折る。
○印の折った部分をのりで貼り合わせる。

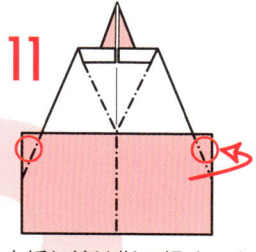

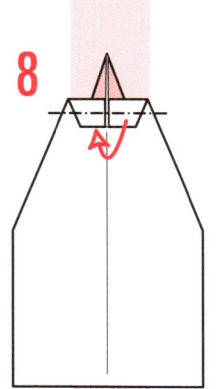

完成

8
裏側に折る。

裏返す

サンタの袋

1
半分に折り下げる。

2
折り線のあたりを折る。

3
折り線のあたりを折る。

4
山折りで裏に折り、のりづけする。

5
下の部分を開いて広げる。
斜線の部分にのりづけし、サンタクロースの背中の部分につける。

PART 4 包装紙を使った季節の折り紙

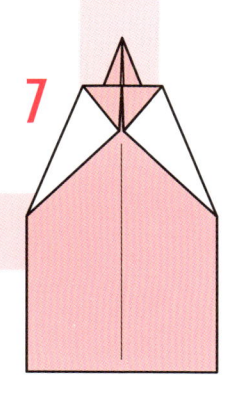

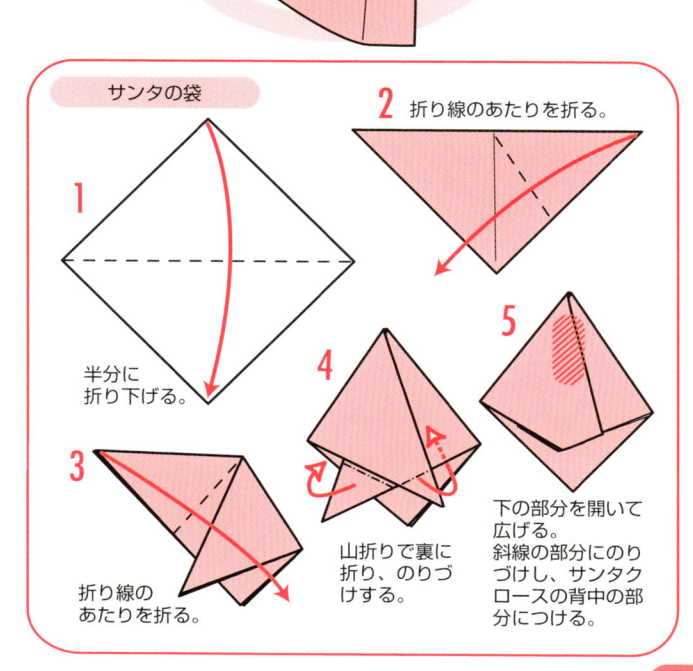

著者プロフィール
坂田英昭 さかた ひであき
1938年生まれ 小田原在住。創作折り紙作家。東京・小田原・サンフランシスコなどで個展開催。現在は幼児・成人を対象に折り紙教室など講師として多忙。主な著書に『折り紙入門』『折り紙百科』、『四季を楽しむおりがみいっぱい』(日東書院)など多数。

編集製作	株式会社 全通企画(平井義宏)
編集協力	リエゾン(新谷直恵)
カバーデザイン	Cycle Design
本文デザイン・展開図	高橋デザイン事務所(高橋芳枝)
撮影	前川健彦
DTP	高橋デザイン事務所

すぐに作れる! その場で使える!
暮らしを彩る生活雑貨
実用チラシ折り紙
2008年11月20日　初版第1刷発行
2013年 5月10日　初版第6刷発行

著者●坂田英昭
発行者●穂谷竹俊
発行所●株式会社 日東書院本社
〒160-0022　東京都新宿区新宿2丁目15番14号　辰巳ビル
TEL●03-5360-7522(代表)　FAX●03-5360-8951(販売部)
振替●00180-0-705723　URL●http://www.TG-NET.co.jp

印刷所●株式会社 秀和　製本所●株式会社 セイコーバインダリー

本書の無断複写複製(コピー)は、著作権法上での例外を除き、
著作者、出版社の権利侵害となります。
乱丁・落丁はお取り替えいたします。小社販売部までご連絡ください。
© Hideaki Sakata 2008, Printed in Japan　ISBN978-4-528-01452-7 C0076